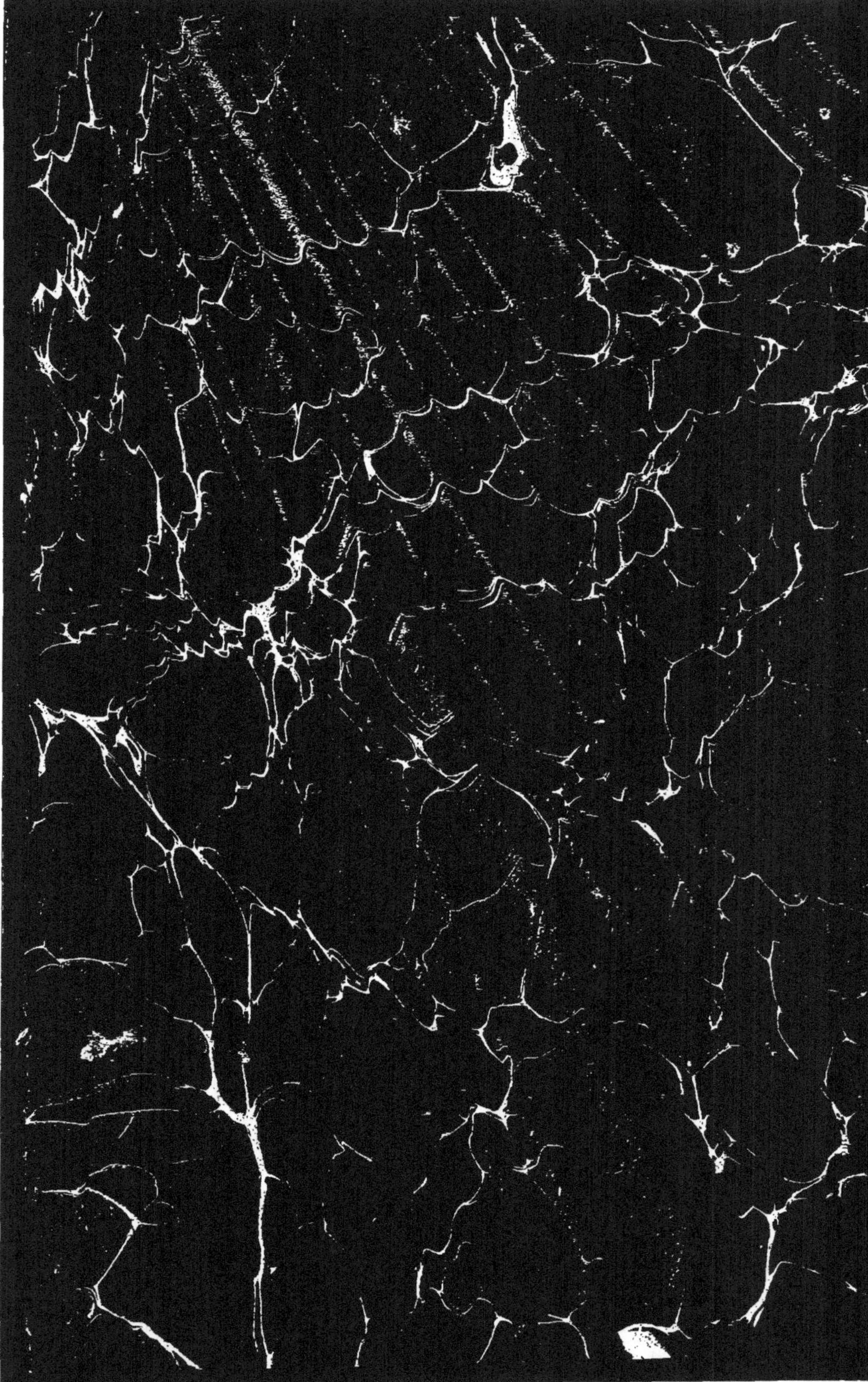

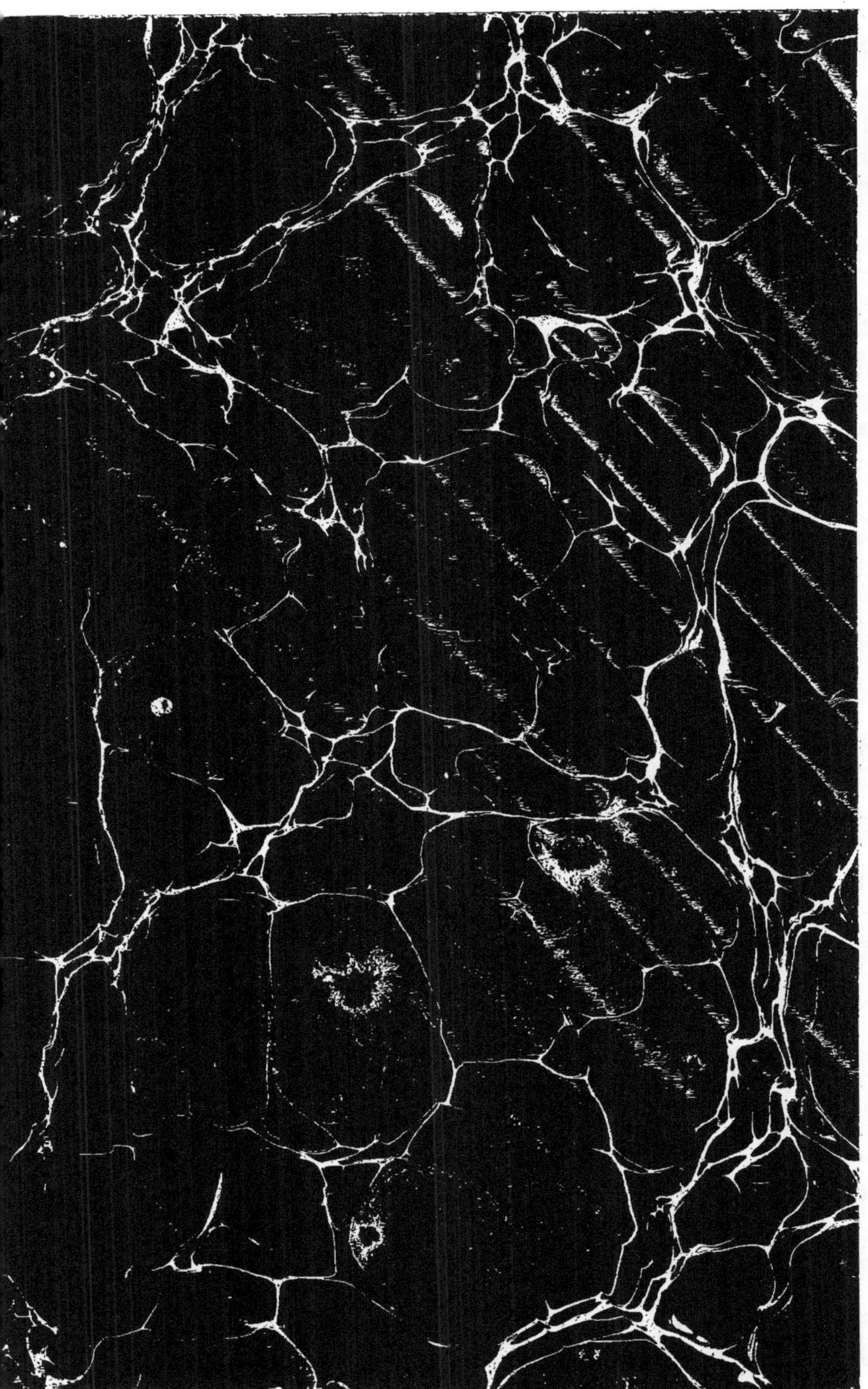

EXAMEN DE LA QUESTION

DU

MARIAGE DE LA REINE ISABELLE

PAR D. JAIME BALMES.

TRADUIT DE L'ESPAGNOL

PAR ALEXANDRE HOURNON.

A Paris,

AU BUREAU DE LA MODE, RUE DU HELDER, 25,

CHAUSSÉE D'ANTIN.

CHEZ DENTU, LIBRAIRE, PALAIS-ROYAL.

—

1845

MARIAGE DE LA REINE ISABELLE

ARTICLE PREMIER.

Nous n'apportons dans l'examen de l'importante question du mariage de la reine, ni esprit de parti, ni intérêt pour aucune famille, ni affection pour qui que ce soit; l'affaire est trop grave, trop élevée pour qu'un homme d'intention droite et désireux de la félicité de sa patrie, ne cherche pas à écarter de son esprit tout ce qui pourrait le détourner du but principal, pour mieux dire du but unique qu'il doit avoir présent dans cette question : un avenir de paix et de prospérité pour la nation espagnole. Il sera d'autant plus facile à l'auteur de ces articles de faire abstraction de toute espèce de considérations, soit partiales, soit inconvenantes ou secondaires, qu'il n'est lié avec aucun parti, avec aucune famille, avec aucune personne par des engagemens d'aucune sorte. Livré pendant la guerre civile à des travaux inoffensifs, il n'est point sorti de l'obscurité de la vie privée; et si, depuis 1840, époque à laquelle il commença à défendre les doctrines et les systèmes qu'il croit conformes à la vérité et convenables au bonheur de sa patrie; s'il n'a cessé d'écrire, de manifester son opinion sur les points les plus importans, aussi bien religieux que politiques, il a la conviction d'avoir rempli sa tâche sans s'être montré partisan aveugle d'aucune des ligues qui ont déchiré cette nation infortunée. Il a été conséquent dans tous ses écrits, et il ne lui serait pas difficile de prouver que ce qu'il écrit aujourd'hui n'est que la suite et le développement de ce qu'il écrivit en 1840 ; mais la conséquence n'est pas de l'entêtement, ni la conviction du fanatisme.

Ces observations ne sont pas inopportunes en abordant une question qui préoccupe si fortement et si vivement les esprits en divers sens, et certes non sans raison, tant est grande sa gravité, tant ses résultats sont immenses ; sûrs et stables s'ils sont bons, irrémédiables s'ils sont mauvais. Nous réclamons donc l'attention, la tolérance, l'indulgence de tous les hommes penseurs et honorables ; nous les prions de se dépouiller de toute prévention favorable ou contraire à telle ou telle résolution; de se dépouiller de leurs préoccupations, car souvent elles assiégent l'esprit des penseurs ; de faire le sacrifice de leurs ressentimens, car le cœur des gens honorables n'en est pas exempt. Il n'est pas d'effort que l'on ne doive faire, point de sacrifice auquel on ne doive s'exposer lorsqu'il s'agit de l'avenir de tant de millions d'hommes ; et surtout lorsque ces hommes sont nos compatriotes, lorsque le pays, dont le bonheur ou le malheur est en jeu, est notre patrie, cette patrie qui nous a vus naître et qui gardera nos cendres.

Nos cendres !... Ah ! qui sait si elle les gardera ? Tant d'Espagnols ont été privés de cette dernière consolation !... Les cendres de tant de proscrits sont dispersées sur la terre étrangère ; de tant de proscrits victimes de nos lamentables discordes !... Si nous ne cherchons point, par tous nos efforts, à arrêter ce cours désastreux, qui pourra se flatter de n'être point emporté par l'une ou l'autre de ces tempêtes qui ont enlevé, dans un tourbillon confus, depuis le sceptre du monarque jusqu'à la verge du dernier employé ; qui ont poussé sur la terre étrangère, depuis les familles les plus humbles jusqu'aux générations de princes ! Les hommes les plus distingués, qui figurent aujourd'hui sur la scène militaire et politique, ont été proscrits, et quelques uns d'entre eux ont été condamnés à mort; les hommes les plus marquans du temps d'Espartero sont proscrits, Espartero est proscrit, don Carlos est proscrit, la reine Christine a été proscrite. Quand mettrons-nous fin à cette funeste chaîne ? Et si nous ne cherchons à y mettre un terme, quelles seront les nouvelles victimes ? Quel est le personnage qui entraînera les autres dans sa ruine? Il y a sécurité..... D'autres ne l'eurent-ils point? Il y a résolution..... D'autres ne l'eurent-ils point ? Il y a organisation d'un parti..... D'autres ne l'eurent-ils point ? Élevons-nous au dessus de l'atmosphère des passions, des intérêts passagers; oublions le jour actuel pour penser à celui de demain ; ne nous faisons point d'illusions sur le présent ; ne nous flattons pas trop sur l'avenir; car pour faire des conjectures sur la différence qu'il peut y avoir, qu'il y aura du jour de demain au jour présent, il ne suffit pas de considérer celle qui existe entre le jour présent et celui de la veille.

Cet avenir dépend du mariage de la reine; rien de ce qui s'est fait, rien de ce qui se fait, rien de ce qui se fera ne recevra un sceau indélébile, qui en garantisse la stabilité et la durée, jusqu'à ce que nous sachions quel doit être le prince qui obtiendra la main d'Isabelle.

C'est là la base de tout édifice que l'on élèvera, parce qu'il faut ne pas comprendre la situation de l'Espagne pour se faire l'illusion de croire que le mariage de Sa Majesté pourra être un événement indifférent, lié à la suite des événemens ordinaires de manière à ne pas en modérer ou à accélérer l'impétuosité, sans en changer ou sans en modifier le cours.

Telle est la situation de l'Espagne, telle est celle de l'Europe, telles sont les conditions auxquelles est soumis actuellement le trône occupé par une reine orpheline et enfant, qu'il est impossible, de tout point impossible, que le mariage de sa majesté n'influe pas puissamment sur notre politique intérieure et sur notre position relativement aux puissances étrangères.

Penser que le mariage de la reine d'Espagne doit être semblable à celui de la reine d'Angleterre, c'est à dire qu'il ne doit influer ni en bien ni en mal sur les destinées de la nation, c'est une erreur si grossière qu'heureusement elle ne sera partagée que par un bien petit nombre d'hommes. Lors de la discussion qui a eu lieu dans les chambres sur l'article de la réforme constitutionnelle relatif au mariage du roi , tous les orateurs ont été d'accord sur la gravité et l'importance de cette affaire ; et quoique M. Martinez de la Rosa ait fait observer que cette gravité n'était pas aussi grande dans les gouvernemens représentatifs que dans les gouvernemens absolus , nous croyons que cette même circonstance la rend beaucoup plus grave en Espagne. En effet , si nous avions maintenant un gouvernement absolu, soumis à certaines règles fixes de politique intérieure et extérieure , il serait beaucoup plus facile que le mariage de la reine ne les altérât point et que la nation et son gouvernement poursuivissent leur marche d'un pas tranquille. Mais lorsque les passions sont émues et exaltées grâce à cette publicité même qui les émeut et les exalte chaque jour de nouveau , alors un mariage imprudent peut produire des luttes plus vives, des changemens plus subits et amener des résultats d'une plus haute importance. L'observation de M. le ministre des affaires étrangères serait admissible s'il s'agissait d'un pays comme l'Angleterre , où il est vrai que le roi règne et ne gouverne pas ; où il y a une pensée de gouvernement fixe , constante , indépendante de la volonté des monarques et en quelque sorte des ministres eux-mêmes. Mais, en Espagne, quelles sont les racines du gouvernement représentatif ? Où est cette pensée politique supérieure aux partis et aux rois ? Où se trouve-t-il une aristocratie semblable à celle de l'Angleterre ? Où est la richesse et l'instruction des classes moyennes ? Où se trouvent , dans la région du pouvoir, les habitudes d'ordre, de bon gouvernement, d'administration modérée et ferme ?

La vérité de ce que nous disons peut se prouver par un exemple bien simple, en comparant deux pays distincts de l'Espagne, et dont l'un vit sous le gouvernement absolu et l'autre sous le gouvernement représentatif, l'Autriche et la France. Si nous supposons que les trônes de ces deux nations sont occupés par une enfant de quelques années, dans laquelle des deux le mariage de la reine aura-t-il le plus d'importance ? Dans laquelle des deux nations y aura-t-il plus de probabilité pour que le mariage de la souveraine entraîne des modifications ? Ce sera en France, nous n'en doutons pas ; et il est bien certain qu'en pareil cas les partis lutteraient d'une manière désespérée pour obtenir chacun le candidat qui lui conviendrait le plus. La nation entière se mettrait en expectative, en mouvement ; tandis qu'en Autriche, les combinaisons diplomatiques seules seraient en jeu , l'affaire serait uniquement discutée dans les hauts conseils et probablement se mènerait à fin sans aucun changement dans la politique intérieure , et tout au plus avec quelque modification dans le système des relations extérieures.

On voit donc que l'assertion de M. le ministre des affaires étrangères, très exacte, s'il s'agit de l'Angleterre et d'autres pays placés dans les mêmes conditions , n'est point applicable à la simple différence des formes représentatives ou absolues. Le plus ou moins d'importance de semblables mariages ne tient pas aux formes politiques, mais à la situation dans laquelle se trouvent les nations : lorsque celles-ci sont dans un état normal, alors le mariage a moins d'importance ; il peut même n'en avoir aucune ; mais lorsqu'elles ne jouissent pas de ce bien, lorsqu'elles vivent agitées et insubordonnées, dans un état de transition, alors l'importance est grande, que les formes soient absolues ou représentatives; et il est à remarquer, en pareil cas, que l'essence même des formes représentatives amène avec elles beaucoup plus de suites fâcheuses que celle des formes absolues, et augmente beaucoup, par conséquent, l'importance du mariage.

Nous n'en doutons pas : de la résolution de cette affaire dépend en grande partie le sort du pays; il est donc nécessaire que le pays s'y intéresse d'une manière particulière ; qu'il la médite avec l'attention qu'elle mérite; qu'il se forme sur elle une opinion judicieuse, et qu'il manifeste cette opinion par les moyens légaux qui sont en son pouvoir. Nous émettrons la nôtre franchement et pleinement; mais nous ne cherchons pas à l'imposer aux autres; nous comprenons parfaitement qu'il y ait une grande divergence sur ce point; que les uns regardent comme facile ce que d'autres regardent comme impossible : que les uns appellent heureux ce que d'autres considèrent comme funeste. Loin de désirer que l'on surprenne le public par un mariage subit, loin de prétendre que l'on opprime ou que l'on méprise l'opinion de la nation, nous n'attendons que de cette même opinion le triomphe de la nôtre; et en cela nous donnons une preuve manifeste que si nous errons, du moins nous sommes sincère. Point d'intrigues ténébreuses, point de violences, point de moyens indignes; le plus de publicité possible, voilà ce que nous désirons dans cette affaire ; le plus de publicité possible pour éviter une surprise : ajournons la résolution, mais en attendant examinons quelle sera la plus convenable.

Oui, méditons-la, examinons-la ; nous le ferons un peu longuement, car cela est nécessaire pour mettre la vérité sous les yeux d'un grand nombre qui sont extraordinairement préoccupés par l'influence des circonstances, et les déclamations de ceux qui ont intérêt à perpétuer nos malheurs. Si l'on obtient l'ajournement, nous espérons que la raison finira par triompher des passions; la vérité, de l'erreur; la politique nationale, des influences étrangères : l'intérêt général, des intérêts particuliers ; les projets grandioses et d'avenir, des projets mesquins et des combinaisons transitoires.

Jusqu'ici la presse, à quelques exceptions près, a montré certaine réserve et n'a point abordé franchement la question; sa grandeur même lui imposait du respect; et chacun, voyant dans la solution de cette question le triomphe ou la ruine de ses espérances, la réalisation ou la dissipation de ses craintes, paraissait ne vouloir pas toucher à cette affaire, préférant les angoisses de l'incertitude à une démarche sur laquelle il ne serait pas possible de revenir.

Mais les circonstances viennent de changer : les partis ont découvert ou cru découvrir que s'ils dormaient on veillait pour eux; que, s'ils ne s'apprêtaient point à résoudre habilement cette affaire, quelqu'un peut-être travaillait à la résoudre pour son propre compte, sans leur consentement. L'effet de ce soupçon a été surprenant; l'opinion publique s'est manifestée d'une manière très vive ; et, quoique la presse se soit montrée généralement peu inquiète, de la situation il n'en a pas été de même dans le congrès, malgré le triomphe du ministère dans les élections; il n'en a pas été de même dans la nation, qui a

tressailli à la seule idée qu'une surprise serait possible, et sympathisé vivement avec les députés qui ont, de la tribune, jeté le cri d'*alarme*.

Nous ne nierons pas qu'il soit convenable de différer pendant quelque temps
la résolution définitive de cette affaire ; mais il est aussi indubitable qu'il est
nécessaire de la préparer, et le meilleur moyen d'y parvenir, c'est d'éclairer
l'opinion publique. Il est certain que la reine doit jouir de la plus complète
liberté dans le choix de son époux, puisque ni la religion ni la morale ne permettent, dans ce cas, que l'on fasse la moindre violence, même à un simple
particulier, bien moins encore à une reine. Il est également certain que les
princes, vu l'élévation de leur rang et les hautes considérations qu'ils doivent
avoir présentes dans leurs mariages, jouissent, par la force même des choses,
de beaucoup moins de latitude dans leur choix, le nombre des personnes parmi lesquelles ils peuvent choisir étant très limité. Il est également certain que
si, dans le petit nombre de ces personnes, il s'en trouve une qui mérite parti-
culièrement les sympathies du peuple espagnol, et qui apporte de grands avantages à la cause du trône et de la nation, elle méritera, à égalité de conditions, la préférence de l'auguste Isabelle. Il est également certain que Sa Majesté, dévouée comme elle l'est à la félicité de ses peuples, mettra toute sa
sollicitude à concilier les affections de son cœur avec les intérêts de l'Espagne.
Il est également certain que, vu le jeune âge de la reine, alors qu'il n'est pas
possible qu'elle nourrisse d'autres sentimens que le vif désir de faire le bonheur de ses sujets, celui-là exercera un ascendant puissant sur son esprit candide qui, lui signalant une personne ornée de toutes les qualités nécessaires
à l'époux de la reine des Espagnes, lui dira : « Madame, voici le mariage qui
conviendrait à Votre Majesté et à la nation gouvernée par votre sceptre. »

Il n'est donc pas nuisible, il n'est pas inconvenant, il n'est pas offensant pour
l'honneur de la majesté, que l'opinion publique se manifeste sur cette affaire.
Il y a là pour l'Espagne un intérêt trop grand pour qu'elle n'y prenne point
une part légitime et respectueuse. Il y a là pour elle un intérêt trop vital, pour
qu'elle puisse en confier la solution au hasard ; car s'en rapporter au hasard,
ce serait la confier exclusivement à d'obscures combinaisons qui pourraient
fort bien avoir un autre but que la félicité de la nation. Non, ce qui intéresse
l'Espagne ne peut être inconvenant à l'égard du trône ; et l'Espagne est intéressée à influer, par son opinion, dans la résolution définitive d'une affaire si
importante.

Que la nation montre cet intérêt d'une manière respectueuse, mais signifi-
cative, par les cortès, par la presse, et par tous les moyens légaux qui sont en
son pouvoir. Si elle agit ainsi, personne, personne absolument, ne s'exposera
à disposer du sort de l'Espagne par une misérable intrigue ; personne, personne absolument, ne sera assez hardi pour précipiter cet événement, en faisant moins de cas des grands intérêts nationaux que des projets particuliers,
des intrigues étrangères ; personne, personne absolument, ne sera assez hardi
pour nous condamner à un demi-siècle de prostration, de désordre et de malheurs ; personne, personne absolument, ne sera assez téméraire pour compromettre, par une démarche imprudente, l'avenir du trône d'Isabelle et des peuples qui lui sont soumis.

Que la nation ne l'oublie pas : son vote, en cette matière, est d'un poids immense ; nous ne voulons pas qu'elle se hâte de le donner aussitôt, mais qu'elle montre son désir d'être consultée d'une manière convenable. Que la nation ne l'oublie pas : chaque fois qu'elle a manifesté sa volonté sur un point quelconque, personne n'a été capable de la contrarier. Que les hommes d'État ne l'oublient pas : si la nation s'est montrée pendant quelque temps comme endormie ; si elle s'est résignée à souffrir, à tolérer, en manifestant cette longanimité qui distingue la prudence, c'est pendant ce temps qu'on a conservé un abus, qu'on a continué l'offense. Mais chaque fois que, fatiguée de souffrir, elle s'est écriée : *Assez !* l'abus a cessé, et l'offense a été lavée.

On a dit que la question du mariage de Sa Majesté est une question européenne ; nous en convenons, si l'on veut dire qu'elle touche aux intérêts de l'Europe, et que, par là même, les puissances de l'Europe chercheront à influer dans cette résolution, selon que cela conviendra à chacune d'elles. Toutefois, la première, la grande impulsion, dans l'un ou l'autre sens, ne doit pas venir de l'Europe, mais de l'Espagne ; car elle serait indigne du nom de nation si, en se montrant indifférente, elle acceptait ce que les étrangers lui imposeraient. Que l'on ne dédaigne pas les combinaisons diplomatiques, d'accord ; que l'on profite convenablement des influences qui peuvent contribuer à une issue heureuse, d'une manière honorable, qui n'attaque point notre indépendance et n'offense point notre dignité ; mais l'affaire étant éminemment espagnole, travaillons-y, nous Espagnols, et que l'Europe sache qu'il y a ici un peuple qui n'ignore pas ce qu'il vaut et qui n'oublie point son avenir. Que l'Europe le sache, et alors les puissances qui se sont habituées, depuis quelques années, à nous regarder comme des pupilles qui ne peuvent s'émanciper de leur tutelle, montreront plus de circonspection. Et alors, s'il se trouvait parmi nous des Espagnols assez dégénérés pour oublier ce qu'ils doivent à leur patrie et pour lui faire un mal irréparable, ils rétrograderont devant l'opinion nationale ; car on ne méprise pas à la légère l'opinion de cette grande et généreuse nation qui vainquit le capitaine du siècle, et qui, récemment, sur le simple soupçon que l'on voulait prolonger la minorité de la reine, renversa Espartero et tous ceux qui lui étaient dévoués, comme le souffle de l'ouragan renverse les arbustes et les lance à une distance immense.

M. Martinez de la Rosa, parlant de l'outrage qui pourrait être fait à ce sujet à la nation par un ministre, dit que *la nation qui le souffrirait, mériterait les fers pour l'éternité.* Eh bien ! la nation espagnole ne les mérite certainement pas, elle l'a bien prouvé ; tous ceux qui ont voulu l'asservir ont appris, par expérience, qu'elle brise ces fers, comme le lion les faibles liens avec lesquels voudrait l'enchaîner la main d'un enfant.

ARTICLE DEUXIÈME.

> « Ministres d'une reine de quatorze ans,
> d'une reine jeune, par qui toutes les choses
> doivent passer *sans qu'elle puisse manifester
> résolument sa volonté ; car, si forte qu'elle
> soit, elle n'a que quatorze ans.* »
> (Le ministre des finances, dans la
> séance du congrès du 11 janvier
> 1843, *Journal des Séances*, p. 56.)

Le mariage de la reine, considéré sous le rapport de la convenance publique, offre de prime-abord une question de aquelle dépendent les autres : « Devra-t-on chercher, dans le prince qui obtiendra la main d'Isabelle, quelque importance politique, soit dans ses qualités personnelles, soit dans son origine, ou bien devra-t-on chercher à placer à côté du trône un prince qui ne sera que le simple mari de la reine ? »

Pour nous, cette question s'enchaîne et s'identifie à cette autre : « Dans l'état actuel de l'Espagne, le trône est-il assez fort pour qu'il ne soit pas nécessaire de le fortifier davantage ? Si le trône est assez fort, si le pouvoir est assez solide pour gouverner la société, s'il y a dans le palais de nos rois une pensée de gouvernement sur les affaires intérieures et extérieures, s'il y a une main ferme pour diriger les rênes de la monarchie, alors nous conviendrons qu'il suffit d'*un prince de plus ;* mais s'il n'y a rien de tout cela, si l'âge et le sexe de notre auguste souveraine ont besoin d'un conseiller habile et d'un bras fort qui la secondent dans la tâche difficile de conduire les destins de cette nation ébranlée, si l'expérience nous offre une preuve convaincante de cette vérité, alors il faudra dire qu'il est nécessaire de chercher pour la couche royale un prince d'importance politique, un prince qui soit un peu plus que le simple mari de la reine. »

Il est inutile de dire dans laquelle des deux situations se trouve l'Espagne : les peuples ne le savent que trop par leurs souffrances, le trône ne le sait que trop par les outrages répétés qu'il a reçus et par les dangers qu'il court sans cesse, l'Europe le sait trop par les scandales et les catastrophes dont elle a été témoin.

Nos maux se sont-ils terminés avec la majorité de la reine ? Les événemens, depuis la solennelle déclaration, sont là ; la situation actuelle est là avec son incertitude, avec ses inquiétudes, avec ses dangers ; là sont les insurrections incessantes, là sont les exécutions. Toutes les questions, tous les problèmes à résoudre ; la constitution de l'État sujette à des discussions et à des changemens ; le peu qui reste des vieilles institutions sociales menacé chaque jour, et les œuvres élevées par la révolution mal assurées, vacillantes, craignant à chaque instant pour leur existence ; aucune des grandes puissances n'ayant reconnu de nouveau ; les négociations avec le Saint-Siége sont sans aucun résultat ; on avance peu dans l'organisation intérieure ; on n'obtient rien pour occuper à l'extérieur un rang plus digne; des alternatives d'anarchie et de despotisme; l'isolement de la communion européenne : voilà l'Espagne. Si cela n'est pas vrai, que l'on nous démente. Nous dirons peu de choses pour appuyer ce que nous avons avancé; nous montrerons du doigt les faits, ces faits, les uns très récens, d'hier, les autres encore présens. Et de toutes les déclamations, de toutes les exagérations, de toutes les vaines paroles, de toutes les apparences trompeuses, dont on veut éblouir ceux qui ne sont pas sur leurs gardes, nous appellerons au tribunal de l'opinion publique; nous dirons au peuple : « Parlez, parlez, vous autres; dites si ce n'est pas là ce que vous voyez, ce que vous touchez; dites s'il nous est possible, à vous et à nous, d'avouer que nous ne voyons pas ce que nous voyons. »

Que déduirons-nous de là? Une conséquence fort simple : que tout le mal n'était pas dans la minorité, car on n'y a pas remédié avec la majorité.

Cela n'est pas nouveau pour nous; nous l'avions prévu. En février 1843, nous écrivions ce qui suit :

« Nous sommes d'avis que l'avènement de la majorité de la reine est un événement heureux; nous convenons que la prolongation de la minorité de S. M. serait pour la nation une calamité dont on ne peut calculer les fatales conséquences; nous pensons qu'alors se présentera une excellente occasion pour entrer dans une nouvelle ère, l'une de ces conjonctures heureuses qui se sont offertes plusieurs fois, et dont autant de fois on n'a pas profité lorsqu'on ne s'en est pas servi pour aggraver les maux de la nation; nous ne doutons pas que si la Providence donnait à la jeune souveraine des conseillers habiles, prévoyans, et doués surtout d'intentions saines et de la supériorité suffisante pour s'élever à la hauteur que réclamera la difficulté des circonstances; nous ne doutons pas qu'il fût possible de combler l'abîme des révolutions et de conduire la nation par le bon chemin vers lequel elle s'avance de son propre mouvement; mais nous sommes tellement éprouvés, tant d'espérances se sont si souvent évanouies, qu'il n'est pas étonnant, en les concevant flatteuses pour un temps déterminé, que de tristes réflexions se présentent à l'esprit, et viennent, nous ne dirons pas les dissiper, mais les obscurcir.

» Et qui est capable d'assurer que les événemens se passeront comme quelques uns le pronostiquent? Qui est capable de dire que notre situation si compliquée se débrouillera si paisiblement par le seul avènement de la majorité de la reine? Laissons de côté la grave question agitée déjà dans la presse périodique; faisons complètement abstraction de la situation tout-à-fait nouvelle dans laquelle nous nous trouverions placés par un semblable événement; mettons de côté tout ce qui touche à telles ou telles personnes, et ne considérons que l'assemblage des choses dans leur complication, dans leur complexité. Croit-on, par hasard, que les ambitions rivales, que les intérêts en présence, tous pouvant compter sur des moyens puissans d'action et d'influence, abandonneraient si facilement le champ de la politique? Cela nous paraît difficile; et si grande que soit notre confiance dans la sagesse de la nation espagnole; si sûr que nous soyons de la force du sentiment monarchique en Espagne et des admirables effets qu'il doit produire, nous doutons encore que

le simple fait de l'accomplissement des quatorze années de l'auguste enfant
doive amener des résultats si décisifs et si satisfaisans. Fasse le ciel que les
grandes espérances fondées sur ce jour ne soient pas trompées; car l'idée
seule qu'il pourrait être reculé, a suffi pour semer une alarme vive et faire
pousser un cri de réprobation unanime. Nous les partageons aussi ces espérances; mais il ne nous est pas donné de les ressentir comme nous le voudrions, en considérant les événemens qui peuvent s'accumuler auparavant,
ceux qui peuvent se présenter dans les momens critiques, ceux qui peuvent
survenir ensuite.

» Nous concevons très bien que la simple présence de la jeune souveraine
à la tête du gouvernement, puisse imposer davantage aux passions et aux partis, que celle d'autres personnes quelles que soient leurs qualités; nous reconnaissons très bien que rien ne peut suppléer à cette absence; mais en recon-
naissant ce qu'il peut y avoir d'heureux dans le moment où cessera la minorité d'Isabelle, nous ne pouvons croire qu'avec ce jour doive arriver le remède
à tous les maux. Lorsque nous nous figurons la jeune reine au moment d'entrer dans l'exercice du commandement, il nous semble voir une jeune enfant
prenant en mains le timon d'un vaisseau qui lutte contre une tourmente fu-
rieuse; à ses pieds s'ouvrent à chaque instant les abîmes de l'Océan, la tempête mugit sur sa tête; l'enfant inquiète lève les yeux au ciel en invoquant
l'*Etoile des mers*; alors nous unissons nos prières à ses prières, et nous rappelant qu'il est un Dieu protecteur de l'innocence, notre esprit se tranquillise
un peu sur les destins de l'auguste descendante de saint Ferdinand. » (*La
Société*, tom. I.)

Les paroles affligeantes de M. Mon, que nous avons copiées à la tête de cet
article, sont assez significatives. Il est vrai, c'est là un fait que personne n'i-
gnore; mais il est bon de l'entendre de la bouche d'un ministre et dans le
congrès même : « Une jeune reine, par qui toutes les choses doivent passer
sans qu'elle puisse manifester résolument sa volonté; car, si forte qu'elle soit,
elle n'a que quatorze ans. » Ainsi parlait M. Mon, et ces paroles, peu diplomatiques peut-être de la part d'un ministre en présence des chambres, recè-
lent un fait dans lequel se trouve l'origine de la plupart de nos maux. Oui, de
la plupart ; car à cette société féconde en élémens d'ordre, à cette société
d'elle-même résignée et obéissante, il lui suffirait d'un monarque de trente ans
pour dissiper les élémens qui la troublent. Et certes l'on n'aurait pas besoin
d'un génie extraordinaire ; un talent ordinaire suffirait avec un caractère
ferme.

« Vos observations sont très fondées, nous dira-t-on ; nous ne nions pas que
l'auguste Isabelle, quelque éminentes que soient ses qualités personnelles,
soit après tout soumise à la condition de l'humanité qui a ses époques mar-
quées de développement intellectuel et moral, et elle n'a que quatorze ans.
Nous ne nions pas que dans des temps si agités et si séditieux, l'innocence est
une faible arme à opposer au crime; la candeur n'est pas ce qu'il y a de plus
convenable pour surprendre et attaquer la malice dans ses sentiers ténébreux,
et la faiblesse du sexe n'est pas très propre pour résister à l'audace des passions farouches qui mugissent dans les émeutes des rues, ou rugissent dans

les entrailles de la terre, annonçant des explosions terribles ; nous ne nions rien de cela, et s'il était possible d'ajouter quatorze ans à la seconde Isabelle, et de lui donner tout d'un coup l'expérience, un talent mûr, le caractère viril qui ornaient la première Isabelle aux meilleurs jours de son glorieux règne, nous le ferions aussitôt, nous le regarderions comme un bienfait particulier de la Providence, et la nation entière verserait des larmes de consolation, sauterait de joie, transportée d'allégresse et d'espérance. Mais, puisque cela n'est pas possible, puisque cela n'est qu'un beau rêve qui nous distrait un instant d'une inquiétante réalité, puisqu'il est nécessaire d'attendre au milieu de cette triste réalité le lent passage du temps et le développement des événemens incertains, fatals, formidables peut-être, il est juste aussi de remarquer que l'innocente Isabelle a un conseiller naturel, sincère, qui ne peut que désirer la splendeur du trône et la félicité de la nation. »

Nos lecteurs comprendront facilement qu'une telle objection nous place dans une position embarrassante et délicate, et que nous ne nous sommes décidé à y répondre que pour procéder avec pleine franchise et loyauté dans la grave question qui nous occupe. Nous désirerions l'épuiser, si nos forces étaient assez grandes pour cela ; et nous voudrions que personne de ceux qui ne seraient pas de l'opinion que nous défendons, ne pût nous reprocher d'avoir procédé avec réserve, de n'avoir présenté que le côté favorable à notre but, et d'avoir omis quelque donnée importante. Ces considérations seules nous ont décidé à aborder un point auquel nous aurions pu nous soustraire, en considérant la question sur le terrain légal et ostensible. Mais comme nous avons la conviction qu'il est nécessaire, pour la solution de cette sorte de problème, de ne mettre en oubli aucune donnée qui, sans être ni légale ni ostensible, ait néanmoins une importance réelle et effective, nous avons cru convenable et jusqu'à certain point nécessaire de ne pas mettre de côté celle que nous venons d'indiquer, surtout lorsque nous ne croyons pas impossible de le traiter avec la circonspection et les hautes considérations que l'on ne doit jamais oublier pour tout ce qui a rapport aux égards dus au trône et au respect envers la famille royale.

Nous faisons à l'auguste mère de la reine la justice de la croire incapable d'avoir d'autres désirs en politique que la sécurité et la splendeur du trône de son auguste fille doña Isabelle II et la félicité de la nation ; on ne peut supposer autre chose dans le cœur d'une mère et d'une princesse qui partagea la couche du monarque des Espagnes. Si des fautes ont été commises depuis la mort de Ferdinand VII, si les calamités les plus grandes ont fondu sur notre malheureuse patrie, les accusations doivent être dirigées contre les gouvernans responsables ; il ne doit pas être permis de les porter plus haut ni dans la presse ni à la tribune ; Dieu seul est juge de la responsabilité qui pourrait peser en pareil cas sur des têtes augustes.

Les hommes monarchiques et religieux, ceux qui affichent le moins d'amour pour les théories constitutionnelles, sont ceux qui ont respecté le plus scrupuleusement l'inviolabilité du roi consignée dans la constitution ; ils l'avaient consignée dans une autre partie plus sûre, dans leur conscience. Ainsi, tandis que la révolution s'est déchaînée à diverses époques en terribles invectives contre la reine Christine, ils se sont tus, ils ne se sont pas permis de l'insulter ni de lui adresser des reproches, quoiqu'on les ait opprimés plus d'une fois au nom de cette auguste personne, bien sans doute que cela eût lieu contre sa volonté. Il y a long-temps que la presse monarchique se trouve engagée dans de vifs débats ; elle s'est vue attaquée de mille manières, traitée avec une excessive rigueur, provoquée par des injures, excitée en quelque sorte à descendre à des personnalités ; mais elle ne s'est jamais crue autorisée à s'écarter des considérations élevées que lui imposent ses principes et ses sentimens ; jamais elle n'a fait cause commune avec la révolution en ce qui pouvait offenser tout ce qui approche du trône ; et, accusée de complicité avec les révolutionnaires, elle n'a pas manqué à un devoir dont elle se serait sûrement écartée si elle eût été dirigée par la mauvaise foi ou l'esprit de parti.

En soutenant donc, comme nous le soutenons, que l'avenir de la nation ne doit pas se reposer sur les seuls conseils de la reine Christine, nous ne sommes guidé par aucun dessein hostile à cette auguste princesse ; notre opinion est fondée sur des considérations politiques que nous allons exposer.

Si respectable que soit une influence, elle ne suffit pas pour le bonheur d'un pays dès l'instant où elle est repoussée par des partis nombreux et qu'elle a contre elle des préventions nées de l'histoire de longues années de guerre civile et de bouleversemens révolutionnaires. La personne qui a exercé la régence aux époques de la plus vive discorde et de la guerre civile la plus sanglante, qui a apposé sa signature à tous les décrets qui ont changé radicalement l'organisation sociale et politique du pays ; la personne qui a été l'objet de la colère d'un parti, et qui s'est vue par suite chassée du royaume, dépouillée de la tutelle, privée de sa dotation, traitée en proscrite et même comme ennemie de la tranquillité publique, cette personne nécessairement doit avoir de fortes préventions contre elle ; son influence doit être mal considérée par un grand nombre ; à son nom doivent se rattacher des souvenirs, source perpétuelle de ressentimens, de haines, de vengeances. Que l'on suppose cette personne si innocente, si généreuse, de vues si élevées que l'on voudra, il y a, dans la nature des choses, une force supérieure aux qualités personnelles, force indestructible, parce qu'elle se fonde sur des faits également indestructibles.

Ce ne serait donc pas une pensée très politique que celle qui compterait perpétuer ou faire durer de longues années une influence semblable, si juste, si raisonnable, si désintéressée, si salutaire qu'on la suppose. Et de longues années doivent s'écouler, de très longues années, avant que l'auguste Isabelle, avec son cœur candide et innocent, ait appris à connaître la duplicité et la perfidie des hommes ; avant qu'elle ait appris, avec les désenchantemens et l'expérience du commandement, à déchirer avec hardiesse et majesté le voile épais que la flatterie, l'ambition et d'autres passions plus viles encore, ont coutume de jeter sur les yeux des rois ; de longues années doivent s'écouler avant que l'auguste enfant acquière, avec l'âge et la réflexion, cette gravité majestueuse, sévère, imposante, qui sied si bien au monarque en certaines occasions critiques ; gravité qui contient dans les limites du devoir les personnages les plus élevés, et qui ne permet pas, même à un président du conseil, de demander une signature, nous ne dirons point avec violence ni avec une exigence en dehors des règles, mais même avec importunité. Personne n'aura oublié le fait d'Olozaga. Jusqu'à ce que cette époque que nous venons de retracer arrive, il convient que l'auguste orpheline ait auprès d'elle un conseiller naturel, inviolable, un défenseur-né sur qui elle puisse jeter les yeux dans toutes les circonstances difficiles, dont elle puisse réclamer la coopération dans les crises graves, et de qui elle puisse attendre des secours en cas de danger.

La faiblesse du sexe, l'instabilité de la position, accompagnée en outre de la prévention des partis ne pourraient remplir un tel but, auquel on ne saurait parvenir que par la présence d'un époux de la reine, qui sera inviolable, inamovible, qui ne pourra tomber sans que tombe le trône lui-même. Ce sera une influence que personne ne pourra contrarier, que personne n'osera combattre, qui s'identifiera en quelque sorte avec la personne du monarque. Il n'y aura point de parti qui puisse se promettre que la reine ne doit pas consulter son époux, il n'y aura point de ministre qui fasse monter si haut son exigence; et quelles que soient les prescriptions de la loi fondamentale, elles n'empêcheront pas que le mari de la reine exerce une puissante influence sur les grandes affaires du royaume, qu'il soit entouré et respecté par tous les hommes remarquables du pays, que son vote soit d'un grand poids dans tous les conseils, et qu'en cas de danger il soit le premier à marcher pour la défense des droits de la couronne, contre les perturbateurs lorsqu'il s'agira de la tranquillité intérieure, et contre les étrangers lorsqu'il s'agira de l'indépendance. Ce sont là des vérités incontestables, palpables pour tous; vérités indestructibles en tant qu'elles sont fondées sur les sentimens les plus intimes du cœur humain, sur les nœuds les plus sacrés de la religion, sur le cours naturel et nécessaire des choses, sur la situation où se trouve l'Espagne et dans laquelle elle doit se trouver à l'avenir.

Voilà pourquoi, respectant on ne peut plus la personne de la reine-mère, nous voudrions trouver ailleurs un conseil et un appui permanent. Il faut se convaincre de la nécessité de sortir des intérims, des situations transitoires; il faut chercher des points d'appui solides, stables, fixes, qui ne soient sujets à des oscillations d'aucune sorte. Ces intérims tuent toute espèce de gouvernement, rendent tout système impossible. Tant que des éventualités pourront amener la chute de telle ou telle personne, il y aura des espérances insensées; les conspirations se succèderont les unes aux autres ainsi que les projets de bouleversemens; la tranquillité de la nation sera troublée ou mal assurée. C'est pourquoi il convient, il est nécessaire, il est urgent que l'on ferme la porte à de folles espérances, que l'on ne voie pas la possibilité de détruire ce qui existe aujourd'hui par les éventualités de demain; il est urgent que tous les partis voient un fait définitif contre lequel il leur soit impossible de lutter, et qu'ils se soumettent tous à la nécessité de ne point soutenir d'autres combats que ceux qui sont permis par la loi.

Nous croyons avoir démontré jusqu'à l'évidence ce que nous nous sommes proposé dès le commencement, et l'avoir fait sans manquer au respect dû à une auguste personne, en nous tenant uniquement à des raisons de convenance politique, et en mettant absolument de côté tout ce qui a rapport aux qualités personnelles. Nous avons la profonde conviction que tous les hommes judicieux et honorables conviendront de l'exactitude des observations qui précèdent : il se peut qu'il y ait de la dissidence lorsqu'il s'agira de signaler le point où l'on doit rencontrer l'appui et le conseil, mais non quant à la nécessité de le chercher. Cette nécessité est évidente, parce qu'il est évident que rien de ce qui est ne suffit ; quiconque ne voit pas cela, ou procède de mauvaise foi, ou est aveugle.

Lorsque la reine-mère revint de l'exil, nous avons dit franchement que, vu le jeune âge et le délaissement d'Isabelle II, son influence était naturelle, nécessaire, tant que cette auguste princesse vivrait auprès de son auguste fille ; mais cette situation est passagère, et ne peut servir que comme un moyen de transition à un état de choses solide et permanent. Personne n'est plus intéressé que la mère de la reine à faire sagement cette transition ; car, lors même que nous supposerions qu'elle met absolument de côté ce qu'il peut y avoir d'avantageux pour elle dans un avenir tranquille et prospère pour la nation et les formidables hasards auxquels l'exposerait un bouleversement, il n'est jamais permis de penser qu'elle perde de vue ce qu'exigent la sécurité et la splendeur du trône de son auguste fille ainsi que la félicité de l'Espagne.

Si l'influence des personnes très élevées doit être utile il faut qu'elle puisse être libre, ouverte, sans considération pour d'autres influences d'un ordre inférieur et qui puissent continuellement se mettre au dessus d'elle, faisant servir d'instrument ce qui devrait être cause principale. Autrement, toute la responsabilité morale des maux, aux yeux de l'opinion publique, a coutume de tomber sur les plus hautes régions, et on ne leur attribue pas toujours tout le bien qui en émane : les peuples, portés d'eux-mêmes aux extrêmes, se laissent entraîner par les suggestions de la colère comme par les inspirations de l'enthousiasme, et l'enthousiasme et la colère exagèrent toujours. Ainsi lisons-nous tous les jours des insinuations sur l'influence d'une auguste personne, des déclamations contre les tendances réactionnaires ; et cependant quiconque a suivi attentivement la marche des événemens, trouve des indices puissans pour croire que cette influence a été beaucoup moins efficace qu'on n'aurait pu l'espérer. Nous ne nierons pas qu'on lui ait dû quelques mesures réparatrices ; mais il est certain que ces mesures sont d'un ordre subalterne, et que tout ce que l'on a fait relativement aux matières les plus graves a été plutôt le résultat de la force même des choses, du cours irrésistible des événemens, du poids de l'opinion publique, de la situation dans laquelle se sont trouvés les hommes qui se sont emparés du pouvoir à la chute d'Olozaga.

Dut-on par hasard à de hautes influences le ministère Gonzalès Bravo, la mise en état de siége de la nation entière, le désarmement de la milice nationale, la détention des chefs du parti progressiste et les massacres d'Alicante ? Quelques uns de ces événemens furent le résultat de ce qu'il y avait de pressant dans les circonstances, et il ne fut pas possible en ce qui les touche qu'il y eût combinaison ni même prévision. Quant à la suspension de la vente des biens du clergé, contre laquelle on a tant déclamé, les hommes de la situation pouvaient-ils s'abstenir de la décréter, au moins quelque temps après leur avénement au pouvoir ? Et ce temps pouvait-il dépasser août 1844 ? En politique, n'a-t-on pas établi les mêmes formes avec de légères modifications tracées à une autre époque par le parti modéré ? Si l'on n'a pas maintenu le système progressiste, l'on n'a pas non plus permis que le système contraire fût intronisé. En sorte que les hommes de la situation ont fait avec l'influence combattue, à peu près ce qu'ils auraient fait sans elle.

Cela n'aurait pas lieu avec l'influence du mari de la reine ; lorsqu'elle existerait, elle serait efficace, et il n'y aurait point de ministres qui pussent la contrarier. Avec une position libre et perpétuelle, avec un puissant ascendant sur l'esprit de son épouse, et surtout avec un caractère mâle, naturellement plus fort, plus énergique et par conséquent plus respecté, il est bien sûr que tant d'ambitions ne s'agiteraient point, ou du moins qu'elles seraient plus modestes. Il est bien sûr que l'on prendrait une marche politique plus ferme, plus constante, et que la nation ne passerait pas continuellement de mains en mains, payant de son argent, de ses souffrances, de ses soucis, et souvent de son sang, l'incapacité des uns, la cupidité des autres et les fautes de tous. Il ne convient donc pas de placer à côté de Sa Majesté un prince qui ne soit que le simple mari de la reine ; ce serait prolonger indéfiniment le mauvais état de la nation, ce serait permettre aux factions qui ne servent qu'à rendre impossible tout bon système de gouvernement, ce serait leur permettre de se fortifier sous la protection du trône. Il faut un prince influent, il faut un prince dont le vote pèse dans le conseil et dont la main porte l'épée. Quel sera-t-il ? Nous l'examinerons dans les articles suivans.

ARTICLE TROISIÈME.

La nécessité du mariage d'Isabelle avec un prince d'importance politique étant démontrée ; la preuve étant donnée par conséquent que ce serait une faute grave de faire abstraction de cette considération, il en résulte une impossibilité pour quelques combinaisons dans lesquelles l'on ne rencontrerait évidemment qu'un simple mari de la reine. Les princes des différentes familles auquel on a pensé ou l'on pourrait penser à l'avenir, sont des personnes très respectables pour nous ; il nous suffit qu'ils appartiennent à une race royale et que quelques uns d'entre eux soient alliés à la dynastie actuelle ; mais cela ne nous empêche pas de reconnaître que l'un ou l'autre de ces princes, placé à côté du trône, ne représenterait rien qui pût lui donner ni force à l'intérieur, ni prestige, ni importance aux yeux de l'Europe. L'infortuné prince, car il le serait en réalité, serait haï du parti monarchique qui est nombreux, et probablement du parti progressiste, sans obtenir des hommes de la situation plus de considération que celle de l'étiquette due à son rang. Celui qui est sans moyen pour se faire respecter n'est point respecté, et quiconque a besoin de recourir à une protection étrangère ne saurait guère protéger les autres. Le prince qui ne représenterait aucun intérêt, aucun principe, se trouverait dans cette position. Ces indica ions nous dispensent de citer des noms propres ; le lecteur fera facilement les applications. Celui qui aurait nourri ou qui nourrirait de semblables projets, ne doit point oublier ce qui eut lieu au sujet des nouvelles qui circulèrent il y a peu de temps sur la probabilité d'un mariage avec un prince italien : tous les partis se sont montrés d'accord pour repousser ce projet ; il s'est fait dans l'opinion publique une véritable explosion d'impopularité.

Les journaux ont parlé d'un mariage qui pourrait unir la couronne d'Espagne à celle du Portugal ; cette idée, abstractivement considérée, a une grande importance politique ; mais, dans la réalité, elle est impraticable. A part la différence d'âge, ce qui est un grave inconvénient, l'excès, étant du côté de la femme, l'Angleterre ne consentirait jamais à ce mariage, et peut-être d'autres puissances s'y opposeraient-elles. Malencontreuse combinaison, puisqu'elle devrait commencer par vaincre une résistance aussi puissante que celle de la Grande-Bretagne.

L'esprit de la nationalité portugaise serait un obstacle presqu'aussi insurmontable ; et cet esprit ne laisse pas que de se conserver très vif, malgré la prostration dans laquelle se trouve le royaume lusitanien. Toutes les stipulations ne pourraient faire que, l'union contractée, le Portugal cessât d'être un royaume et devînt une province d'Espagne ; ce qui est toujours très douloureux pour les peuples qui ont joui pendant de longs siècles d'une existence indépendante. La courte interruption de nationalité qui eut lieu du temps de Philippe II, servit plutôt à la fortifier qu'à l'affaiblir.

L'union du Portugal avec l'Espagne est, quant à présent, et sera pour long-temps, une belle illusion qui séduira les hommes qui pensent à un avenir de prospérité et de force pour la péninsule ibérique, mais qui ne pourra occuper sérieusement un homme d'État qui ne se contentera pas de mesurer la possibilité et la convenance en politique, à ce que lui inspirera naturellement la contemplation de la carte. Il ne suffit pas que la nature ait formé la Péninsule de telle façon qu'elle semble nécessairement destinée à vivre sous un même commandement ; les leçons de l'histoire nous apprennent que les limites des nations ne se prêtent pas toujours aux dimensions topographiques. L'expression *frontières naturelles* est très vague, comme presque toutes celles de ce genre : cette anomalie remarquable se fait voir non seulement dans la péninsule ibérique, mais elle existe encore dans toute l'Europe sans parler des autres nations ; l'Italie, l'Allemagne, la France elle-même, nous offrent incontestablement l'exemple de cette vérité.

En outre, pour qu'une nation puisse s'agrandir en en absorbant une autre, pour ainsi dire, il faut d'autres circonstances que celles dans lesquelles se trouve l'Espagne. L'ordre à l'intérieur, la force et le prestige à l'extérieur sont des conditions indispensables, et nous sommes loin de les posséder. S'il était possible de faire un essai en annexant tout-à-coup le Portugal à l'Espagne, on verrait le gouvernement si embarrassé de sa nouvelle acquisition qu'il ne tarderait pas à se repentir de sa fortune. Lorsqu'on ne parvient pas à satisfaire les nécessités les plus urgentes des anciennes provinces, qu'arriverait-il avec la nouvelle ? Le territoire serait plus étendu, mais les ressources n'augmenteraient point. Nos côtes seraient plus vastes, nous possèderions de nouvelles colonies ; mais le manque de marine se ferait sentir plus encore. Nous aurions de nouvelles capitales ; ce qui veut dire que les pronunciamientos seraient plus nombreux. Laissons donc de côté de vaines illusions qui, fussent-elles réalisables, ne feraient qu'ajouter le désordre au désordre, la faiblesse à la faiblesse. Si, comme l'a dit un célèbre publiciste, la réunion de toute la Péninsule sous un même sceptre est dans l'avenir, cet avenir n'est pas proche, et il ne nous est pas donné de l'accélérer par des efforts impuissans.

Un prince allemand, d'une famille peu importante, offrirait le même inconvénient que nous avons signalé plus haut ; et si son influence pesait un peu dans la politique européenne, grâce à ses relations de parenté avec quelques unes des dynasties des grandes puissances, les nations auxquelles nuirait le manque d'équilibre ne l'accepteraient point. C'est dans cette prévision que le cabinet des Tuileries a déclaré sa résolution de ne pas permettre que le trône d'Espagne sortît de la famille des Bourbons ; ce qui suffirait pour rendre les obstacles très graves, quand même il n'y en aurait point d'autres. Il est nécessaire, en outre, de ne pas perdre de vue que, dans l'état actuel des mœurs de la diplomatie européenne et dans la situation de l'Espagne, séparée du reste de l'Europe par le royaume de France, l'influence de l'une des grandes puissances du nord serait beaucoup moins efficace que quelques uns ne se le figurent. Il ne nous conviendrait pas non plus qu'elle le fût, car le résultat naturel serait de nous envelopper dans des complications européennes auxquelles nous pouvons et devons nous soustraire. Nous ne gagnerions donc ni force pour le pouvoir à l'intérieur, ni importance à l'extérieur ; mais, au contraire, nous nous exposerions à ce que les affections de famille nous engageassent dans des querelles qui, sans intéresser en rien notre félicité, nous occasionneraient des sacrifices très coûteux et peut-être des calamités sans nombre. La politique extérieure du cabinet de Madrid du XIXe siècle n'est et ne peut être celle des siècles antérieurs : jadis il pouvait nous être utile de nous mêler de certaines questions européennes ; aujourd'hui, tout se combine pour nous conseiller la neutralité. Cette neutralité est pour l'Espagne une des plus solides garanties d'indépendance et de repos.

A certaines époques, le bruit s'est accrédité qu'il était question du mariage de notre reine avec un prince de la dynastie d'Orléans ; on ajoutait avec plus ou moins de fondement que c'était le vœu de Louis-Philippe. Les déclarations faites à la Chambre par M. Guizot et la politique timide du cabinet des Tuileries, font croire que ce désir ne se réalisera point, à moins d'événemens qui modifient profondément les circonstances pour qu'on pense à entamer sérieusement une négociation dans ce but. Cependant, comme l'instabilité des choses humaines, et en particulier surtout la situation de l'Espagne et de la France, pourraient amener des événemens imprévus et ressusciter avec eux la pensée de ce mariage, il sera bon d'examiner s'il pourrait convenir au trône de la reine, ainsi qu'au repos et à la félicité de notre patrie.

Il importe on ne peut plus d'éclairer parfaitement l'opinion publique sur ce point, vu qu'il ne manque pas de personnes qui s'opiniâtrent à considérer cette combinaison comme un beau idéal auquel on ne doit renoncer qu'à cause de l'impossibilité qui se met à la traverse. N'en doutons point, si des événemens imprévus venaient à donner plus de force à la politique du cabinet français, ou si celle-ci se faisait un peu hardie et belliqueuse avec la régence du duc de Nemours; si alors on croyait aux Tuileries qu'il ne convient pas de garder tant de considérations pour l'Angleterre ni pour les puissances d'au delà du Rhin, et qu'il est nécessaire en cela d'avoir l'audace de continuer ouvertement l'œuvre de Louis XIV, ce serait, à notre avis, une grande calamité pour l'Espagne.

Quoiqu'il soit certain que ni l'Europe, ni personne n'a le droit de forcer dona Isabelle II à contracter mariage avec une personne déterminée, puisque cela répugnerait non seulement à la dignité royale, mais encore à cette liberté que le plus obscur des hommes possède en cette circonstance, de droit naturel, de droit divin et humain; quoiqu'il soit vrai que l'indépendance et l'honneur de la nation exigent que la solution de cette affaire soit une chose nationale autant que possible, non réglée et bien moins encore prescrite par les étrangers, il est certain aussi qu'il ne convient pas, et que ce serait une calamité pour l'Espagne, que Sa Majesté se mariât avec un prince qui, pour une cause ou pour une autre, répugnerait aux puissances européennes. La vérité de cette assertion est évidente pour le cas où cette répugnance irait jusqu'à exciter des réclamations et des protestations; car alors nous pourrions nous trouver enveloppés dans un conflit européen que nous n'avons pas besoin de provoquer, et qui, à n'en pas douter, nous amènerait des conséquences désastreuses. Mais quand même la répugnance n'arriverait point à une telle extrémité, quand même elle se bornerait à des plaintes plus ou moins aigres, à des marques de déplaisir plus ou moins fortes, à une certaine opposition plus ou moins déterminée, ce serait toujours une imprudence impardonnable d'indisposer l'Europe contre nous dans une affaire qui, par sa perpétuité, ne permet pas de revenir sur ses pas.

Eh bien! il est certain, très certain que l'Europe regarderait au moins avec beaucoup de répugnance le mariage de la reine d'Espagne avec un fils de Louis-Philippe; et il serait peut-être à craindre qu'elle ne protestât ouvertement et prît des mesures sérieuses pour l'empêcher. Il ne suffit pas de dire que les nations étrangères n'ont pas le droit de se mêler de nos affaires; elles allègueraient que la France et l'Espagne n'ont pas le droit non plus de rompre ou de mettre en danger de se rompre l'équilibre européen; qu'on a toujours vu que la liberté des princes pour contracter mariage souffre ces bornes que leur imposent le pays qu'ils gouvernent et les relations avec les autres puissances; et que de même que la France a déclaré qu'elle s'opposerait à tout mariage d'Isabelle II avec un prince qui ne serait pas de la famille des Bourbons, de même l'Europe a le droit de s'opposer à ce que l'élu appartienne à la maison d'Orléans.

De toutes manières, il est certain que les puissances européennes ne se feraient point de scrupules pour des motifs de droit en matière d'intervention; si elles croyaient qu'un fils de Louis-Philippe ne leur convient pas sur le trône d'Espagne (et sans doute il ne leur convient pas), elles s'opposeraient au ma-

riage par les moyens qu'elles jugeraient les plus convenables ; et, s'il en résul
tait un conflit, l'Espagne en serait la victime.

Il ne leur convient pas, disons-nous, parce qu'il est évident que malgré tous
les articles constitutionnels présens et futurs, le prince mari de la reine doit
exercer une influence dans les affaires, à moins que ce ne soit quelque imbécile. Et en supposant même à ce prince peu de capacité, il suffirait qu'il fût
Français pour que le cabinet des Tuileries fût le mentor de notre gouvernement ; car il est bien clair que ce cabinet n'a pas encore renoncé aux prétentions qui commencèrent du temps de Louis XIV.

Ces prétentions, inaugurées par une guerre de succession qui inonda l'Europe de sang pendant de longues années, ne pourraient que rencontrer de la résistance aujourd'hui qu'il existe encore une vive rivalité entre la France et l'Angleterre, malgré l'entente cordiale avec le cabinet de Saint-James ; aujourd'hui
que la France possède Alger ; qu'il s'élève à chaque pas des questions qui exci-
tent et irritent de vieilles susceptibilités ; que l'agitation de l'Irlande est chaque
jour plus imposante, et que les orateurs irlandais annoncent les extrémités où
l'Angleterre pourrait se trouver exposée à une guerre avec la France ; qu'on n'a
pas oublié l'expédition de Hoche ; que le monarque qui représente une politique
pacifique a déjà plus de 72 ans ; que la France est en danger de souffrir une longue minorité ; que la question dynastique existe encore ; que l'état social de cette
nation inspire des craintes sérieuses pour l'avenir ; que, par conséquent, personne n'est capable de prévoir les événemens qui pourraient avoir lieu en peu
de temps, par la combinaison de tant de circonstances si graves et si désastreuses. Les hommes d'État de la Grande-Bretagne ne veulent pas et ne peuvent pas vouloir qu'à la vue de si grandes éventualités le sort de l'Espagne soit
lié à celui de la France par d'étroits liens de famille ; bien loin de là, s'ils pouvaient parvenir à séparer ces deux nations par un abîme, ils le feraient sans doute.

Et que dirons-nous des autres puissances ? Si elles n'eussent point consenti
à un semblable mariage lors même que la branche aînée eût continué d'occuper le trône de France qu'arriverait-il aujourd'hui, que le laps de quatorze
années n'a pas suffi pour leur faire déposer la défiance que leur inspire la révolution de 1830, qui renversa une dynastie, altéra les institutions et modifia
profondément, à l'intérieur comme à l'extérieur, la situation créée par la diplomatie européenne en 1815.

. . . .

Voilà ce que nous pensions alors, nous pensons de même aujourd'hui, et
chaque jour qui passe nous confirme dans la même opinion. Le mariage de la
reine avec un prince de la famille d'Orléans serait donc pour l'Espagne une
grande imprudence ; il pourrait provoquer un conflit en Europe, et loin d'ap-
porter à la nation les biens que quelques uns s'en promettent, il serait la cause
de maux très graves.

ARTICLE QUATRIÈME.

« Je crois, en outre, Messieurs, qu'il n'est
pas prudent de perdre de vue les leçons de
l'histoire. Les questions de succession se
terminent d'ordinaire par une bataille; mais
celles de prétention, Messieurs, ne sont jamais terminées *qu'après la fusion des
droits.* »

(Le marquis de Miraflores, séance du
10 janvier 1845. *Journal des Séances,*
p. 187.)

En abordant l'examen de la convenance ou non convenance du mariage de
la reine avec le fils de don Carlos, nous devons avertir que nous faisons abstraction de toute question dynastique sous le rapport du droit : cette question
n'a aucun rapport avec le mariage; et si nous nous y arrêtons, c'est uniquement
en la considérant comme un fait que doivent admettre ceux qui croient
le droit de la fille de Ferdinand incontestable au point de n'admettre pas
l'ombre d'un doute. Que les raisons alléguées par les Carlistes soient plus ou
moins solides, plus ou moins futiles, ce qu'il y a de certain, c'est que la question a existé, et qu'on a versé pour elle des torrens de sang. C'est là un fait,
et ce fait nous suffit. Qu'il soit donc bien entendu qu'en parlant de question
dynastique, nous ne parlerons que d'un fait: rien de plus. Quel que soit le juge
ment que l'on se forme sur ce fait dans ses relations avec le droit, il est impossible de ne pas l'avoir présent lorsqu'on examine la situation sociale et politique de l'Espagne, les causes qui l'ont amenée, et les événemens qui peuvent
survenir. Mêler les questions légales à une question éminemment politique,
serait nuire au succès de la solution de l'une sans avancer en rien les autres.
Profondément pénétré de cette vérité, nous mettrons toute notre attention à
ne point la perdre de vue.

Non, en abordant cette très grave question, nous ne considérons ni une
personne, ni une famille, ni une dynastie; nous considérons uniquement l'Espagne travaillée par les discordes civiles, ébranlée, sans savoir comment trouver un moyen qui lui rende son aplomb, et qui lui assure sinon la prospérité,
du moins le repos.

Nous ne le cédons à personne en respect pour les membres de la famille
royale, ni en intérêt pour l'infortune; mais aucune de ces considérations ne
serait capable de nous porter à donner un conseil que nous croirions devoir
être cause de calamités pour notre patrie. S'il en était ainsi, s'il nous semblait
que la Providence, dans ses desseins profonds, a rendu incompatible le bonheur de l'Espagne avec celui d'une famille, en même temps que nous compa -

tirions au sort de celle-ci, nous dirions sans hésiter : que le destin s'accomplisse !

Pour que l'on sache d'avance quelle est notre opinion sur ce point, nous commençons par déclarer franchement qu'à notre avis le mariage de la reine avec le fils de don Carlos n'est pas une chose absurde, comme on l'a dit, mais au contraire une chose très réalisable ; qu'il n'est pas incompatible avec la tranquillité de l'Espagne, mais, au contraire, qu'il serait très efficace pour y conduire ; qu'il y a des moyens d'éviter les réactions que l'on craint, et de les rendre presque impossibles ; qu'entre tous les candidats à la main de la reine, le fils de don Carlos est préférable à tous les autres ; que ce mariage est celui qui convient le mieux à l'Espagne ; que toutes les autres combinaisons souffrent de très graves inconvéniens ; que cette alliance est le moyen le plus convenable pour rendre le repos à la nation et pour lui assurer un avenir heureux. Nous ne pouvons pas être plus franc ; le lecteur pourra rencontrer dans notre écrit des erreurs et des illusions, mais il n'y trouvera ni perfidie ni dissimulation. Nous nous croyons maintenant en droit de le prier de ne pas juger notre opinion sans avoir vu toutes les raisons dont elle s'appuie.

On a dit que la dernière guerre fut plutôt une guerre de principes que de succession, ce qui est très vrai, et nous l'avons soutenu ainsi plus d'une fois ; mais cela n'empêche pas la question de succession d'avoir réellement été enveloppée dans la question de principes. A la mort de Ferdinand VII, et même quelque temps auparavant, sans doute les principes ne contribuèrent pas peu à décider les uns en faveur de don Carlos et les autres en faveur d'Isabelle ; mais comme les hommes vivent beaucoup d'illusions, et qu'ils ne se persuadent pas facilement que le droit n'est pas du côté où ils aperçoivent le salut de ce qui est le plus conforme à leurs idées et le plus agréable à leur cœur, les partisans d'Isabelle aussi bien que ceux de don Carlos, finirent par croire sincèrement que le droit dynastique était du côté qui leur faisait espérer le triomphe de leurs principes respectifs.

En général, les libéraux et tous les partisans de réformes plus ou moins étendues, furent pour la légitimité d'Isabelle ; de même, une grande partie des royalistes, de ceux qui craignaient pour la religion et pour les vieilles institutions, se décidèrent pour celle de don Carlos. Personne ne respecte plus que nous les convictions de ceux qui, des deux côtés, se livrèrent à un long et profond examen de la question sous le point de vue légal ; nous avouons qu'il ne manquerait pas d'exceptions honorables dans lesquelles la sévérité des principes ne permettrait pas de sacrifier la justice à la convenance ; mais nous croyons qu'on peut assurer sans crainte de se tromper, que ce ne furent pas les raisons légales, mais les raisons sociales et politiques, qui prévalurent dans l'esprit de l'immense majorité, même parmi ceux qui n'appartiennent point à la foule. Ceux qui soutinrent Isabelle se scandaliseront peut-être ; ils protesteront qu'ils ont approfondi la question sous le point de vue légal, qu'ils n'ont considéré la convenance qu'après s'être assurés de la justice. Les Carlistes se scandaliseront aussi et allègueront le même motif que leurs adversaires. Eh bien ! nous allons faire deux observations qui n'admettent point de réplique.

Comment se fait-il que précisément tous les hommes de certaines opinions sociales et politiques voient la question légale d'une même manière et tous leurs adversaires d'une autre? Cela n'indique-t-il pas le plus évidemment possible que beaucoup ne pensaient point au droit, mais aux conséquences qu'aurait l'occupation du trône par Isabelle ou par don Carlos?

Une autre réflexion; supposons que don Carlos, au lieu d'être un prince profondément religieux, ennemi déclaré de toute espèce d'innovations qui pussent faire courir quelque danger à l'antique organisation, eût été connu pour son scepticisme en matières religieuses, par son esprit ami de réformes en tous genres, par son aversion pour le clergé, par ses tendances libérales; et qu'au contraire la reine veuve eût été intimement liée avec le clergé, et se fût fait remarquer par sa haine pour les constitutionnels, par un caractère inflexible, incapable de transactions d'aucune espèce, en sorte qu'il n'y eût aucun espoir d'innover sous sa régence; que se serait-il passé? Pour nous, il est évident que les rôles eussent changé : les libéraux se seraient groupés autour de don Carlos, et les royalistes autour du berceau d'Isabelle. Et cependant nous ne leur attribuons de mauvaise foi ni aux uns ni aux autres; nous ne disons point qu'ils soutinrent comme légitime ce qu'ils croyaient illégitime : la plupart des hommes ne sont pas même capables d'étudier cette sorte de questions; parmi ceux qui s'y appliquent, le nombre de ceux qui les comprennent à fond est très restreint; et parmi ceux dont la capacité va jusque là, ceux qui se mettent au dessus de l'influence du vif désir de trouver la vérité suivant qu'il leur convient, sont aussi très rares. Ainsi les opinions sur les points les plus graves se forment par imitation, par esprit de prosélytisme, par instinct de conservation, par passion; et lorsqu'on en est venu aux armes, lorsqu'on en est venu à apposer le sceau du sang à ce que l'on croit la vérité, alors on n'examine rien de plus, il n'est plus question que de soutenir ce qui est posé; quiconque le combat, est trompé lorsqu'il n'est pas traître, car nous voyons dans les livres et dans les faits, non ce qui s'y trouve, mais ce que nous voulons.

Ce sont là des vérités certaines, évidentes, palpables, basées sur la raison, sur l'histoire, sur l'expérience, et principalement sur le caractère de l'esprit humain. Jamais, surtout quelques raisons s'interposant, si peu plausibles qu'elles soient, jamais on ne soutiendra ni une dynastie, ni une institution politique que l'on croira incompatible avec les idées que l'on professe, avec une foi vive, avec les sentimens les plus puissans du cœur, avec de grands intérêts que l'on veut conserver ou usurper. On éludera les lois, on faussera les doctrines d'une manière ou de l'autre, on ne manquera pas de subterfuges pour agir conformément à ce qui convient, à ce que l'on regarde comme d'une plus haute importance que les formes politiques et que les dynasties.

Ceci prouve clairement que nous ne nous faisons aucune espèce d'illusion sur les causes de la guerre civile; et que si nous reconnaissons l'existence de la question dynastique, nous voyons ce qu'il y a eu de capital au fond de cette question : ça été une question sociale et politique.

Mais, quoi qu'il en soit, il n'est pas douteux que beaucoup d'Espagnols crurent que le droit était pour don Carlos, et l'on combattit pendant sept ans pour soutenir cet avis. La guerre fut sanglante, tenace et longue : ce qui indique que le parti de don Carlos était très puissant. La guerre ne put se terminer par la force des armes, bien que le parti d'Isabelle eût en sa faveur l'avantage d'un gouvernement établi, avantage immense ; il avait l'appui de toutes les puissances voisines, du Portugal, de l'Angleterre et de la France : Cela prouve que le parti de don Carlos était très nombreux. Tous les hommes qui ne veulent pas fermer les yeux à l'évidence des faits conviennent de cette vérité. Ainsi, M. le marquis de Miraflores, répondant à M. Martinez de la Rosa, dans la séance du sénat du 10 janvier, disait à ce sujet avec beaucoup d'opportunité : « Sa Seigneurie m'a rappelé aussi ce que j'ai dit dans un autre de » mes discours et que je répète aujourd'hui, et ce en quoi je suis complétement » d'accord avec Sa Seigneurie ; que la question de nos troubles n'est pas seu- » lement une question de succession, mais encore de principes politiques. » Mais, à mon tour, je dois rappeler, par cette raison, à Sa Seigneurie, ce » que j'ai dit il y a peu de jours dans cette enceinte, que *ce serait une chose* » *très curieuse que de faire la statistique de tous les partis.* Que l'on prenne » garde, Messieurs, lorsque l'on parle de la nation tout entière, parce que si » l'on faisait *la statistique des partis, elle pourrait donner des résultats fâ-* » *cheux.* Que cela serve seulement d'avis. » (Séance du 10 janvier 1845, *Journal des Séances*, page 189.) M. le marquis n'avait pas besoin de développer cette observation : le pays la comprend.

Ce parti si nombreux a-t-il disparu ? certainement non. La mauvaise issue d'une guerre ne change ni la conviction ni les affections de ceux qui succombent ; elle peut bien leur donner une opinion plus ou moins exacte de leurs forces et de celles de l'ennemi, mais non changer leurs idées et leurs sentimens quant au fond de leur cause. La manière même dont se termina la guerre civile, fut très à propos pour qu'ils n'attribuassent point leur désastre à l'infériorité de forces : si Espartero eût fait ce que fit Maroto, en livrant l'armée de la reine au général de don Carlos et en se soumettant à son obéissance, pour sûr les défenseurs d'Isabelle ne se seraient point considérés comme vaincus. Ils eussent qualifié avec plus ou moins de sévérité la conduite du général en chef, mais ils n'auraient jamais pu croire que leur cause succombait par faiblesse.

L'événement de Vergara ne fut point une transaction dynastique ni politique ; mais une convention militaire due à des circonstances particulières, et qui probablement fut précipitée par la fausse et dangereuse position dans laquelle se trouvait Maroto. Il n'y eut donc aucune question de résolue ; il n'y eut qu'un fait qui détruisit un autre fait : un arrangement du chef des armées carlistes qui donna un coup irréparable aux forces de don Carlos. Il est donc nécessaire de ne pas se faire d'illusions : les causes qui avaient soulevé et soutenu la guerre civile restèrent intactes. Les Carlistes se virent pour lors perdus ; mais il ne se donnèrent ni pour vaincus, ni pour convaincus, ni pour satisfaits. La reconnaissance des grades ne fut pas considérée comme une concession faite à un principe, mais comme une récompense personnelle ; seulement on fit en même temps pour beaucoup ce que l'on aurait fait de même isolément. Qui doute que, si un chef s'était présenté auparavant avec sa force, on l'eût maintenu dans son grade en ayant égard à son service ? Augmentez le nombre et vous avez l'événement de Vergara.

Il est nécessaire de ne pas perdre de vue ces faits pour bien comprendre le dénoûment de la guerre civile, ainsi que l'effet moral et politique qu'il put produire sur ceux qui succombèrent. C'est une sottise indigne d'hommes penseurs, de croire que ceux qui défendaient don Carlos et les principes monarchiques et religieux tels qu'ils les entendaient, se convertissaient subitement et se donnaient pour satisfaits avec dona Isabelle II et la Constitution de 1837.

Ce cri de *paix ! paix !* qui retentissait sur quelques points du pays, n'exprimait et ne pouvait exprimer autre chose qu'une réconciliation à l'aide d'une transaction. Il est très probable que Maroto, Maroto lui-même, ne voyait pas, lorsqu'il commença à entrer en négociation, le terme où il en vint. Mais avec Espartero récompensant, avec don Carlos alarmé, avec quelques bataillons soulevés à Vara, quelle pouvait être la position de celui qui s'était tant avancé sans consentement ni nouvelle de son supérieur ! Il n'avait d'autre alternative que de s'enfuir, ou de s'unir à Espartero, ou d'être fusillé par don Carlos. L'événement de Vergara n'eut donc rien de dynastique ni de politique; il fut purement militaire, en grande partie personnel; il s'accomplit avec beaucoup de précipitation et d'imprévu, quant à son terme ; il ne put, par conséquent, produire d'effets politiques pour modifier les idées et les sentimens ; son résultat fut, pour ainsi dire, matériel : on devait l'apprécier d'après ce que fournirent les états militaires.

Que l'on voie à l'appui du jugement que nous émettons sur l'événement de Vergara, ce que M. le marquis de Miraflores disait au sénat dans la séance du 20 décembre 1844 : « Un grand projet de transaction, je le répète, eut
» lieu dans les champs de Vergara ; je pense, Messieurs, que cet acte célèbre
» n'a pas encore été examiné avec toute la philosophie et toute l'attention
» qu'exige son importance. Je dis cela, parce que je vois deux choses dans la
» transaction de Vergara : les propositions faites à Miravalles, qui furent la
» base de la convention, et la convention elle-même. La transaction de Ver-
» gara proposée à Miravalles fut, à n'en pas douter, une grande transaction.
» Les chefs du parti carliste proposaient la transaction de la question politique
» en mettant de côté la constitution, en lui subrogeant des cortès par Etats.
» Ils proposaient la transaction dans la question de succession, et comment?
» Par le mariage de la reine avec le fils aîné de don Carlos, la reine régente et
» don Carlos lui-même devant sortir en même temps du territoire espagnol.
» Et enfin on proposa une transaction individuelle, c'est à dire la reconnais-
» sance des grades, des honneurs, décorations, etc. ; telles furent les proposi-
» tions faites à Miravalles par le chef de l'armée carliste, et que semblait ac-
» cepter l'immense majorité du parti carliste qui était alors parvenu à son
» apogée. »

Ainsi s'exprimait M. le marquis ; et cela confirme ce que nous avons dit de la précipitation des événemens, les choses en arrivant à un point qui dépassait les prévisions de ceux-mêmes qui conduisaient la négociation.

Si l'issue de la guerre ne fit pas disparaître le parti carliste, les événemens des années postérieures ont-ils obtenu ce résultat? Nous doutons beaucoup que la domination d'Espartero et que la série de calamités dont la nation fu victime depuis la fin de la guerre civile, aient pu changer les convictions de ceux qui étaient d'opinion contraire à l'ordre de choses inauguré peu après la mort du roi. Il y avait là deux questions : la question dynastique et la question politique ; pour ce qui est de la première, on n'a présenté aucun argument nouveau qui n'ait été répété souvent durant la guerre ; quant à la seconde, les prédictions de ceux qui auguraient mal des systèmes mis à l'essai, se sont accomplies comme nous le savons tous. Et ceux-mêmes qui ont intérê[t] à peindre tout avec des couleurs flatteuses, ne peuvent nier que la situation de l'Espagne est loin d'être satisfaisante.

Cinq ans ne se sont point encore écoulés depuis la fin de la guerre civile, et dans un si court espace ont eu lieu les événemens suivans : Le pronunciamiento de septembre 1840 contre la reine régente, appuyé et excité par le général en chef des armées réunies. — L'insurrection d'octobre 1841, à Madrid et dans les provinces, contre le régent. — Le soulèvement de Barcelone contre Espartero en novembre 1842. — Celui de la nation pour chasser le régent, en juin 1843. — Celui des centralistes contre le gouvernement provisoire, en septembre de la même année, à Barcelone, Sarragosse et autres lieux. — Rébellion d'Alicante et de Carthagène, en janvier 1844, contre le gouvernement de la reine déclarée majeure. — L'insurrection de Zurbano dans la Rioja et le soulèvement des vallées d'Hecho et d'Anso, en novembre de la même année. Nous n'énumérons que les principaux événemens, afin que, la main sur la conscience, on nous dise si c'est là pour une nation une existence agréable ; si cela est capable de convertir beaucoup de ceux qui étaient opposés à des changemens violens ? Que sera-ce s'ils fixent l'attention sur les horribles détails de ces quatre années ? Si nous considérons la reine Christine proscrite, avec une longue suite d'émigrés, et avec la destitution universelle des employés publics ; Borso , Montès de Oca, Léon et tant d'autres tombant sous les décharges de leurs anciens compagnons ; Pampelune bombardée par O'donnell ; la junte de vigilance de Barcelone déployant une énergie fébrile qui rappelait les jours de la terreur de la révolution française ; cette même ville infortunée voyant ses enfans combattre corps à corps avec la troupe sur les places, dans les rues, dans les maisons, et ensuite livrés aux horreurs du bombardement de Monjuich ; les malheureux condamnés à mort par la commission militaire et fusillés sur l'esplanade ; la même capitale oppressée par la contribution des douze millions de réaux , insultant les soldats et leur jetant des pierres, et effaçant jusqu'au nom des rues et les numéros des maisons, pour augmenter la confusion de ceux qui étaient envoyés par l'autorité ; la même capitale, durant les événemens de juin 1843, menacée à plusieurs reprises d'être bombardée, d'abord par le capitaine général, puis par les ordres de Zurbano, enfermé à Igualada ; l'infortuné Comacho mourant assassiné à Valence ; Teruel essuyant le canon d'Enna ; Séville le bombardement d'Espartero ; Madrid livrée à l'anarchie , excitée par l'inquiétude, la colère et le désespoir ; Saragosse', Barcelone, Gerone, Figueras, recevant, du temps des Centralistes, le fer et le feu des canons espagnols ; Narvaez essuyant des décharges à brûle-pourpoint dans les rues de la capitale ; Alicante livrée à des bandes d'arquebusiers; le Maestrazgo baigné dans le sang; Barcelone témoin de nouveaux supplices; les habitans des vallées d'Hecho et d'Anso émigrés en grand nombre et d'autres fusillés; la Rioja contemplant l'extermination de la famille de Zurbano. Quelle infortune! que de larmes! que de sang! Dites-le, oui, dites-le, la main placée sur la conscience, ces événemens sont-ils capables de convaincre que l'Espagne n'est pas profondément ébranlée, sont-ils capables de persuader que l'on a suivi la bonne route?

Puisqu'il n'y a pas d'effet sans cause, et que nous n'en trouvons aucune qui ait pu changer ni l'esprit ni le cœur des Carlistes, il est évident que le parti qui soutint la guerre civile existe encore : il n'est pas certainement les armes à la main, il ne désire pas que le sang soit versé de nouveau; mais il existe dans la société. C'est un fait que personne ne mettra en doute.

Il est des hommes si attachés à ce qu'ils voient, et si peu occupés de tout ce qui ne les frappe pas vivement, que, lorsqu'ils n'entendent pas le feu du canon ou le mugissement de la tempête prochaine, ils se bercent facilement de l'idée que tout repose dans un calme profond, qu'il n'y a rien dans le monde qui alarme et menace. « Où sont, disent-ils, ces partis si nombreux qui n'appartiennent point à la situation? Quelles preuves donnent-ils de leurs forces? Où sont-ils, où les voyez-vous? » Où? Lorsqu'Espartero, lorsque les Progressistes commandaient, on pouvait se demander, à part la presse, où étaient leurs ennemis. Armée, gardes nationales, autorités, cités, tout retentissait de cris pour le *progrès* et pour le *duc de la Victoire*. Où étaient leurs ennemis? Il ne fut pas difficile de les trouver, et aujourd'hui l'on peut demander : Où sont Espartero et les Progressistes? Pour savoir si un parti existe, ne demandez pas où il est; ne vous occupez pas du peu de bruit qu'il fait : rappelez-vous si vous l'avez vu avec vie et avec force, et examinez s'il est des causes qui l'aient détruit, si la génération qui le formait est descendue dans la tombe. Si vous n'oubliez pas la situation de l'Espagne avant l'événement de Vergara, vous n'aurez pas besoin de demander où sont les Carlistes. Ne vous trompez point avec ce que vous vous dites les uns aux autres dans vos réunions, ni avec ce qu'écrivent vos amis; ayez les yeux sur la nation.

Dans la séance du 20 décembre 1844, M. le marquis de Miraflores, parlant des deux partis *que l'on appelle vulgairement Modéré et Exalté*, dit formellement : *Les deux partis que je viens de citer ne composent pas la majorité de la nation.*

Mais ce parti, nous dira-t-on, n'a-t-il éprouvé aucune modification? exige-t-il ce qu'il demandait durant la guerre civile? C'est là une tout autre question. Fidèle au système de ne dissimuler aucune difficulté, de présenter la question sous tous les aspects possibles, nous allons dire pleinement et sans détour ce que nous pensons à ce sujet.

Ce que les hommes voulurent et ce qu'ils veulent n'est point la même chose : nous convenons tout d'abord que si les événemens ne leur eussent point été contraires, et que les choses ne fussent point arrivées où elles en vinrent, les Carlistes eussent voulu le trône de don Carlos. Cela est indubitable. Ils combattaient pour don Carlos, par conséquent ils voulaient don Carlos. Mais la cause de don Carlos ayant succombé, Isabelle II étant en paisible possession du trône qui lui fut disputé, les compromis et les intérêts groupés autour de la fille de Ferdinand étant si grands, la pensée dominante des hommes judicieux du parti carliste, est-elle et peut-elle être de renverser Isabelle, de la chasser d'Espagne, et de conduire don Carlos à Madrid, comme on l'aurait fait en 1837? Nous ne le croyons pas. Cela est impossible, vu l'état où en sont arrivées les choses. Nous disons que cela est impossible; mais, en tenant ce langage, nous nous en rapportons uniquement au cours ordinaire des événemens; car personne n'est capable de lire dans l'avenir; personne ne connaît les événemens qui se réaliseront en Europe, dans l'espace d'un petit nombre d'années, et personne ne sait non plus si ces événemens seront de nature à modifier la situation de l'Europe et à influer puissamment dans les affaires de l'Espagne. Et nous voudrions que ceux qui s'opposent à une conciliation ne perdissent pas de vue cette idée : il faut profiter des circonstances ; quelquefois, le meilleur moyen d'assurer les résultats d'une victoire est de laisser l'ennemi dans une position libre, pour ne pas le réduire au désespoir.

Il nous semble donc que le désir naturel du parti carliste doit être celui d'un mariage : là se borne, selon nous, son ambition; telle est son espérance.

Est-il possible de la satisfaire? Est-ce convenable? Quels sont les avantages d'un semblable mariage? Quels en sont les inconvéniens et les dangers? Nous nous proposons d'examiner toutes ces questions : si nous ne le faisons pas avec succès, on ne pourra nous accuser de n'avoir pas procédé avec franchise.

En abordant cette question, nous osons prier le lecteur de se dépouiller de ses préventions contraires ou favorables; qu'il ne s'occupe que des faits et des raisons, et de rien de plus; qu'il ait pour but, pour unique but, la félicité de l'Espagne. S'il rencontre quelque difficulté en lisant cet article et ceux qui suivront, qu'il ne se hâte pas de croire ou que nous l'avons oubliée, ou que nous l'avons omise à dessein. Il est probable qu'en poursuivant sa lecture il verra que nous nous en occupons : il pourra ne pas la trouver résolue ; mais au moins il la verra présentée avec sincérité, avec une entière bonne foi.

Le parti carliste est très nombreux, et, de plus, il professe des principes qui donnent d'eux-mêmes une grande force. Convient-il à une nation de tenir mécontent un parti respectable à tant de titres? Convient-il de ne lui laisser aucune espérance d'obtenir, par des moyens pacifiques, au moins une partie de ce qu'il disputa long-temps les armes à la main ? Cela équivaut, à notre avis, à demander s'il convient qu'il y ait un germe de discorde, d'irritation ; s'il convient d'affaiblir le trône, en maintenant loin de lui un grand nombre de sujets? Cela équivaut à demander s'il convient d'effacer la trace des haines civiles, et de chercher la réconciliation de tous les Espagnols.

Pour mieux fixer les idées, nous énumèrerons les avantages et les inconvéniens; l'on ne pourra dire ainsi que nous nous bornons à des généralités.

1° Le mariage de la reine avec le fils de don Carlos résout à jamais la question dynastique. Non seulement les publicistes éclairés, mais encore tous les hommes de quelque jugement, doivent convenir que cet avantage est très important. L'histoire nationale et l'histoire étrangère attestent les maux dont la dispute d'un trône est cause pour les peuples ; ce que la dernière guerre civile a laissé écrit en caractères de sang. Et si l'on pouvait obtenir l'entière disparition du danger d'une lutte nouvelle, ne serait-ce pas un bien inappréciable? Plus d'un demi-siècle s'était écoulé depuis l'expulsion des Stuarts, et l'on versait encore le sang dans la Grande-Bretagne à cause des prétentions à la couronne. Qui est capable de calculer les nombreuses combinaisons qui peuvent fournir l'occasion de voir s'allumer une guerre en Espagne pour de semblables motifs? Don Carlos a des enfans mâles : si l'on ne fait pas un mariage qui détruise tout sujet d'une nouvelle guerre, il est probable qu'il y aura, pendant un siècle, des princes qui se croiront des droits à la couronne, qui auront des partisans, qui seront disposés à recourir aux moyens dont ils disposeront pour obtenir un changement dynastique. Quel avenir plus triste? Que d'éventualités désastreuses! Quel danger que le sang espagnol coule encore à torrens!

2º Le mariage de la reine avec le fils de don Carlos assure notre indépendance.

Tant que la question dynastique existera, nous ne pouvons rompre avec aucune puissance sans nous exposer à de grands périls. Supposons que cette rupture soit avec la France: quelle voie cette nation prendra-t-elle pour nous affaiblir et pour nous vaincre? Cela est très simple : elle n'aura pas besoin d'introduire de grandes armées jusqu'au cœur de l'Espagne ; il lui suffira de donner à entendre à don Carlos ou à ses fils qu'ils peuvent compter sur la protection de la France pour de l'argent, pour des armes et d'autres ressources, et que toute la frontière est à sa disposition pour organiser des corps, pour établir des dépôts, etc. Qu'en résultera-t-il? Ne nous faisons point d'illusions: la guerre civile s'allumera de nouveau ; et la France qui aurait eu besoin pour combattre l'Espagne de centaines de mille hommes et d'immenses capitaux, en entreprenant une lutte semblable à celle de 1808, n'aurait besoin, alors, que de fournir quelques millions de francs, et de mettre à la disposition des Carlistes une petite partie de la surabondance de ses magasins.

Elle ne sera pas même dans la nécessité de verser une goutte de sang français ; les Espagnols, versant le leur, lui permettront de rester simple spectatrice du combat. Mais que serait-ce si la France voulait mettre sur pied une armée de 50,000 hommes comme réserve des divisions carlistes? Ce qui en résulterait est évident, on ne peut plus évident à nos yeux. Il est facile de faire des bravades, de tout défier ; mais un jugement sain et le simple bon sens les réduisent à leur véritable valeur. Et s'il n'en est pas ainsi, comment se fait-il que l'on attache une si grande importance à l'arrestation de don Carlos, à présent même que la France n'est point hostile au gouvernement espagnol, qu'elle est au contraire son amie et son alliée?

Voulez-vous apprécier l'exactitude de ces observations? Supposez un moment ceci : par suite de la mort de Louis-Philippe, d'un conflit européen, ou, par une autre circonstance, les cabinets de Madrid et des Tuileries s'indisposent entre eux et se déclarent la guerre. Le gouvernement français informe don Carlos et sa famille qu'ils sont libres de se transporter sur le point de la France ou de l'étranger qui leur paraîtra le plus convenable, y compris l'Espagne ; il les autorise à indiquer le lieu qu'ils choisissent pour la réunion de tous ceux qui sont dévoués à leur cause et qui voudront s'organiser en corps pour pénétrer en Espagne ; il leur fournit tous les fonds nécessaires à l'équipement de leurs divisions : il permet la libre sortie et l'entrée des expéditionnaires sur tous les points de la frontière, et leur promet de les appuyer avec une armée de 50.000 hommes qui s'avancera plus ou moins, selon que les circonstances l'exigeront. Qu'arrivera-t-il? Supposez pour un instant que cette nouvelle parvienne à Madrid ; nous le répétons, qu'arrivera-t-il?

Et cependant il est bien clair que dans le cas d'une guerre avec l'Espagne ces sacrifices seraient bien petits pour la France, et elle pourrait les faire facilement, quand même nous la supposerions combattant contre l'Europe sur les bords du Rhin. Tel est le résultat de la non solution d'une si grave question : pendant plus d'un demi-siècle nous serons condamnés à ne pouvoir nous indisposer contre la France, quand même notre honneur et notre indépendance seraient en jeu ; car, si nous l'osons, la France nous vaincra lorsqu'elle le voudra, instantanément et à peu de frais.

Et ce qu'il y a de pire, c'est que la France n'aura pas seule ce moyen sous la main ; les autres puissances l'auront aussi. Que ne pourrait point l'Angleterre si elle mettait à la disposition de don Carlos et de ses fils, des hommes, des armes et de l'argent? Il lui suffirait de débarquer çà et là des Carlistes et de former un noyau respectable dans les environs de Gibraltar, pour causer au gouvernement espagnol de semblables embarras. Comment s'allumerait la guerre civile le jour où se présenteraient sur les côtes des provinces du nord, sur celles de Valence, sur celles de Catalogne, les escadres anglaises, amenant à bord les unes Villareal, Eguia, Zaratiegui, les autres Cabrera? Quelle conflagration n'y aurait-il point en Andalousie lorsqu'on dirait qu'un corps expéditionnaire espagnol s'avance sur Séville, ayant un prince à sa tête et appuyé par une armée anglaise cantonnée dans les alentours de Gibraltar?

D'autres suppositions encore laissent voir le même danger. Les puissances du Nord se contentèrent, pendant la guerre civile, de favoriser la cause de Don Carlos par des sympathies plus ou moins ouvertes et par quelques secours en argent. Figurons-nous qu'à cause d'une guerre avec la France il leur convienne de provoquer une conflagration en Espagne: qu'auraient-elles à faire ? Convertir leurs sympathies en appui manifeste; faire en sorte que des centres d'actions pour allumer la guerre civile s'établissent en Italie et autres lieux; fournir quelques légions et soutenir avec leurs escadres. Que serait-ce alors de l'Espagne ? On ne pourrait que neutraliser un peu le mal, l'Angleterre se décidant pour nous. Mais outre que cela n'empêcherait pas la guerre civile, qui assure que l'Angleterre se déciderait pour l'Espagne ? Qui assure qu'elle ne jugerait pas convenable de rester neutre ? Qui assure qu'elle ne serait pas contre l'Espagne par une alliance avec les puissances du Nord dans la guerre européenne ?

Tel serait le résultat, le triste mais inévitable résultat de ne pas se prêter à une réconciliation : notre faiblesse relativement aux autres puissances ; l'impossibilité de jeter jamais le gant à aucune d'elles, ni de le relever si on nous le jetait. La jeune reine peut vivre plus d'un demi-siècle; ses cousins sont aussi peu âgés; et pendant leur vie, et des années après, nous serons forcés de rester dans cette position; la puissance qui se montrera altière et qui accompagnera ses exigences d'une menace sérieuse, obtiendra ce qu'elle voudra. Est-ce de la politique, est-ce de la prévision, est-ce agir en homme d'État que de ne pas songer à prévenir de si grandes difficultés? Est-ce là travailler pour l'indépendance nationale?

Jetez les yeux sur cette France, qui a subi elle aussi, une révolution récente. Quels germes de malaise! que d'éventualités dans l'avenir! quelle complication la prétention dynastique n'ajoute-t-elle pas aux questions sociales et politiques! Si le prince qui occupe le trône de France avait en son pouvoir un moyen aussi facile que nous, sans doute il l'adopterait sans hésiter. Que les hommes de tous les partis méditent sur ces réflexions; qu'ils voient si elles méritent de peser dans le jugement d'un homme d'État; qu'ils voient si les mépriser n'est pas compromettre notre grandeur et notre indépendance jusque dans un long avenir.

Si la question dynastique se résout complètement, la position de l'Espagne devient libre de tout embarras relativement aux puissances étrangères. Alors celles-ci n'ont plus de ressort pour faire mouvoir les partis; alors il ne leur reste plus la ressource de vaincre les Espagnols par des Espagnols. Nous serons plus ou moins faibles, plus ou moins forts, mais nous n'aurons pas la faiblesse qui provient de la division; nous aurons la force qui naît de l'union. Nous n'aurons rien à craindre d'une rupture avec les puissances du Nord, qui ne peuvent amener par terre leurs armées dans la Péninsule, qui ne pourraient qu'à grand'peine commettre des hostilités contre nos ports, sans jamais tenter de débarquer une armée pour pénétrer à l'intérieur du pays, sans être sûres de la voir périr.

L'Angleterre pourra plus que nous sur mer; mais elle aurait à payer du sang anglais ses avantages dans les ports de la Péninsule et des Colonies; et avant de se hasarder à faire pénétrer une armée au cœur de l'Espagne, elle n'oublierait pas les leçons que les Français reçurent dans la guerre de l'indépendance sous les yeux de ses soldats.

S'il n'existait point de division entre les Espagnols, que pourrait tenter la France? Que l'Espagne soit unie, et qu'on laisse passer quand on le voudra les Français par les gorges des Pyrénées. Eux, qui conservent vivant le souvenir de l'invasion de Bonaparte; eux, qui ont vu de près la lutte de Navarre, d'Aragon et de Catalogne pendant les sept ans que dura la guerre civile; eux, qui ont pu juger de combien sont capables les Espagnols, même divisés, ils se garderaient bien d'introduire une armée dans la Péninsule, s'ils nous voyaient unis. Avec le caractère belliqueux qui distingue notre nation; avec les habitudes guerrières créées en Espagne par seize années de combats durant ce siècle; avec ce caractère énergique qui reste dans les esprits des naturels d'un pays habitué à vivre en faisant une guerre à mort, non seulement la France ne se hasarderait point contre l'Espagne, mais encore, dans le cas où elle aurait une guerre sur le Rhin, elle ferait tous les sacrifices imaginables, ou pour acquérir notre alliance , ou , si cela lui était impossible, pour obtenir que nous restassions neutres.

Nous ne nous lasserons pas de le répéter : que les hommes d'Etat, que les hommes de jugement, que ceux qui aiment sincèrement leur patrie méditent sur ces réflexions. Ces suppositions ne sont point absurdes, elles sont possibles, plus que possibles ; la réalisation de l'une ou de l'autre d'elles est très probable. Le *statu quo* de l'Europe se trouve soumis à mille hasards ; une multitude de complications, de conflits peuvent survenir et surviendront probablement, et dans l'un ou l'autre de ces cas, l'Espagne se verrait engagée dans les difficultés les plus graves. Voyez les changemens, les bouleversemens qu'a éprouvés l'Europe en un demi-siècle, et calculez ceux qu'elle peut éprouver, ceux qu'elle éprouvera sans doute à l'avenir.

Pouvez-vous oublier l'instabilité des choses humaines? Pouvez-vous oublier les leçons de l'histoire et de l'expérience de chaque jour? Et, en pareil cas, est-il possible que vous méconnaissiez la gravité, l'imminence des dangers que nous venons d'indiquer? La prévision humaine est certes très limitée, très restreinte ; mais les faits qui font conjecturer les nombreuses tourmentes dont est gros l'avenir de l'Europe ne sont-ils pas évidens? Quelles seront ces tourmentes, en quel sens , quels en seront les résultats : nous ne le savons pas ; mais nous savons que si la question du mariage de la reine ne se résout pas avec prudence , quelles que soient les vicissitudes de l'Europe, quel que soit le sens dans lequel elles se réaliseront, quel qu'en soit le résultat, l'Espagne se verra exposée à de grands embarras.

Voulez-vous que nous signalions quelques uns de ces faits auxquels tient l'incertitude de l'avenir ? Voici que la France peut avoir à traverser les périls d'une minorité et d'une régence , peut-être non sans rivales ; le prince qui règne laisse une opposition dynastique qui dispose des sympathies des puissances du Nord ; il laisse une nation dont les entrailles nourrissent des sociétés monstrueuses et dans les veines de laquelle circulent l'irréligion et l'esprit révolutionnaire. Voici la rivalité entre la France et la Grande-Bretagne ; voici les questions sur le trafic des noirs et le droit de visite ; voici la question d'Orient qui, déjà en 1840, mit la paix de l'Europe dans un péril imminent ; voici l'ambition de la Russie, avec son immense puissance ; et nous sommes limitrophes de la France; et Alger, qui est à notre vue, appartient à la France; et nous possédons des îles très importantes dans la Méditerranée, et dans l'Océan les Canaries, les Antilles et les Philippines; et nous ne nous occupons point de résoudre le problème de l'esclavage dans les colonies; voici Gibraltar occupé par les Anglais, et le Portugal soumis à l'influence de la Grande-Bretagne ; voici beaucoup d'autres circonstances qui peuvent nous envelopper dans les complications et les conflits qui surviendront en Europe pour quelque motif que ce soit.

Il est donc inconcevable que nous ne cherchions point, par tous les moyens possibles, à fortifier notre nationalité, à effacer les traces de la discorde, et à extirper les élémens qui pourraient reproduire la guerre civile. Ne l'oublions pas : résoudre à jamais la question dynastique est une condition nécessaire pour acquérir une position forte en Europe et pour n'être pas le jouet des autres puissances. Nous croyons l'avoir démontré jusqu'à l'évidence ; et certes, les adversaires du mariage de la reine avec le fils de don Carlos ne pourront méconnaître la solidité des raisons à l'aide desquelles nous avons prouvé cette importante vérité. Sans doute, ils ne choisiront pas , pour soutenir leur opinion, le terrain de la politique étrangère, mais celui de l'intérieur ; eh ! bien, nous accepterons partout la lutte.

Nous ne méconnaissons pas les préoccupations qui obscurcissent de ce côté la lumière de la vérité ; nous croyons néanmoins qu'elle arrivera à se faire jour. Quoi qu'il en soit, nous consacrerons les articles suivans à examiner la question sous tous les aspects.

ARTICLE CINQUIÈME.

Les raisons alléguées au sujet de la politique étrangère pourraient servir, jusqu'à un certain point, pour l'intérieur ; car nous n'avons prouvé la faiblesse de notre position en Europe, dans le cas où le mariage n'aurait pas lieu, qu'en montrant le ressort que les autres nations auraient sous la main pour nous bouleverser lorsqu'elles le jugeraient convenable. Ce ressort était notre division intestine, l'existence d'un élément de discorde ; et l'homme qui ne reconnaît pas que l'un des premiers buts d'une saine politique intérieure est de faire en sorte que les motifs de discorde disparaissent d'entre les enfans d'une même patrie, ne mérite ni le titre d'homme d'Etat, ni même celui d'homme de jugement. Cependant, nous croyons qu'il est possible de développer encore la pensée ; c'est pourquoi nous continuerons d'énumérer les avantages qui résulteraient pour la politique intérieure du mariage de la reine avec le fils de don Carlos.

Nous avons déjà vu que ce mariage mettrait fin à la question dynastique, dont l'existence est toujours préjudiciable à une monarchie, et que par là même nous cesserions d'être dans une position dangereuse vis-à-vis des autres puissances. Ces biens sont sans doute d'une haute importance ; mais il en est encore un autre sur lequel nous appelons l'attention de tous les hommes ennemis des agitations, et désireux du repos et de la tranquillité de leur patrie.

Le mariage de la reine avec le fils de don Carlos rend impossible le triomphe de la révolution.

Les gouvernemens que nous avons eus, depuis la mort de Ferdinand, ont tous été très faibles, par la simple raison qu'ils n'avaient pour eux qu'une petite minorité, et qu'ils comptaient pour adversaires deux des trois partis qui ont divisé la nation. Lorsque les Progressistes ont gouverné, ils ont eu contre eux les Carlistes et les Modérés ; lorsque les Modérés ont gouverné, ils ont eu contre eux les Carlistes et les Progressistes. Que l'on exagère autant qu'on le voudra le nombre de l'une des fractions libérales, il résultera toujours que l'autre, prise avec les Carlistes, forme la majorité de la nation. Ainsi il est impossible, absolument impossible, qu'aucun gouvernement soit fort ; car bien que le système des majorités parlementaires soit souvent un nombre vain considéré comme base de gouvernement, il n'en est pas de même lorsqu'il s'agit des majorités nationales. Aucun gouvernement, soit républicain, soit représentatif ou absolu, qui aura contre lui la majorité de la nation, ne peut faire le bonheur du pays ; il n'est pas même capable de maintenir long-temps la tranquillité publique. Ainsi l'enseignent la raison, l'histoire et l'expérience. Les gouvernemens vivent de la vie des sociétés ; lorsque la société est contre eux, elle cesse de leur communiquer cette vie, et alors ils périssent. Peu importe qu'ils meurent subitement ou de consomption ; de toutes manières ils périssent par nécessité, par une inévitable nécessité.

Tant que le parti carliste sera à l'état de vaincu, tant qu'il ne verra point dans le Palais-Royal un autre emblème que celui de ses adversaires, il pourra ne pas conspirer, il pourra rester pacifique ; mais il ne sera jamais ami du gouvernement ; et le moindre mal qu'il lui fera sera de montrer pour lui de l'indifférence et de l'abandonner lorsqu'il le verra combattu. Que faisait, pendant la guerre civile, cette partie des Carlistes qui l'étaient seulement d'opinion et n'avaient pas pris les armes ? Lorsque le gouvernement de la reine se voyait attaqué par la révolution, les Carlistes disaient intérieurement : « Ni les uns ni les autres ne nous aiment, tous les deux ils nous appellent rebelles, tous les deux ils nous surveillent, tous les deux ils nous regardent comme ennemis ; laissons-les combattre et se détruire ; retirons-nous dans nos foyers et attendons le jour du triomphe du principe que nous reconnaissons. » Dans la position des Carlistes ce langage était logique. Que firent-ils en 1840, lorsque Espartero renversa la reine régente ? Ce qu'ils avaient fait auparavant. Don Carlos et tous ses défenseurs venaient d'être expulsés, il n'y avait donc pas lieu d'espérer que le parti carliste s'opposerait à ce que le même sort échût à la princesse qui avait servi de drapeau aux ennemis de ce parti. Que firent-ils en 1841 ? Ils firent de même : la question était entre les Modérés et les Progressistes ; les Carlistes n'avaient rien à y voir. Mais arriva l'année 1843 : les Carlistes crurent d'une manière plus ou moins fondée que, le régent renversé, il s'offrirait une combinaison opportune pour une réconciliation, ils s'unirent de bonne foi aux Modérés et même aux Progressistes de de la coalition ; ils prirent une part active au pronunciamiento, et le pronunciamiento fut vraiment national : il n'y avait pas d'exemple d'un mouvement pareil depuis 1808.

Espartero renversé, une autre situation étant créée, on commença par aigrir les Carlistes en rappelant des dénominations qui finissaient par être oubliées ; on les éloigna des élections ; on leur dit à grands cris qu'ils ne nourrissent point d'espérances, qu'on ne les admettrait que s'ils renonçaient à tous leurs principes, que s'ils abjuraient leurs doctrines, que s'ils abandonnaient toutes leurs prétentions ; qu'ils ne se fissent pas d'illusions avec la perspective d'une transaction ; qu'ils ne se berçassent point de rêves insensés ; et enfin on alarma le public avec des nouvelles de conspirations, de projets d'insurrection ; nouvelles que l'expérience est venue démentir de la manière la plus solennelle. Les Carlistes se sont efficacement vengés de leurs adversaires en se bornant à leur dire : « Nous vous tendions la main en signe de réconciliation, et vous avez retiré la vôtre avec dédain; soit, nous ne vous combattrons point par les armes, mais dans l'opinion; et, en tous cas, puisque nous sommes si méchans et si inutiles, puisque vous repoussez ainsi une transaction, ne comptez pas sur notre appui, sortez de l'embarras comme vous le jugerez convenable; de notre côté, retirés sous le toit domestique, nous resterons simples spectateurs des événemens, avec la ferme espérance que le temps nous fera justice.

Et qu'en est-il résulté? Que le gouvernement se trouve dans la même position que ses prédécesseurs depuis 1833, entre deux adversaires puissans. Il compte, il est vrai, sur la force de l'armée; il compte sur les nombreuses ressources dont peut disposer un gouvernement établi; mais qu'est-ce que cette force, que sont ces ressources, pour résister à l'action lente mais efficace de l'opinion d'une immense majorité. Les Progressistes ne reconnaissent le pouvoir que comme un pouvoir de force, vu, qui est contraint de recourir à des actes inconstitutionnels; et les Carlistes regrettent l'absence de représentation du principe dans lequel ils crurent voir la légitimité. Quel avenir attend une nation dont le pouvoir n'est pas sincèrement reconnu et accepté par la majorité du peuple? C'est là un fait proclamé tous les jours dans la presse, et qui a été aussi proclamé à la tribune. Qu'on l'appelle un fait mauvais, illégitime, comme on voudra; mais c'est un fait que l'on ne détruira point avec des invectives, que l'on n'anéantira point en prêchant les partis et en leur disant quelques lieux communs sur la nécessité de se grouper autour du trône d'Isabelle II, d'accepter le système dominant, d'attendre le triomphe légal et le jour où ce sera leur tour d'entrer au pouvoir à mesure que tournera la roue parlementaire. Toutes ces harangues sont excellentes si on le veut, très édifiantes, très salutaires; mais le malheur est que personne ne les écoute. De tout temps, depuis 1833, les défenseurs des gouvernemens établis ont tenu le même langage; néanmoins l'auditoire ne s'est pas montré très docile, et il est arrivé plus d'une fois que l'orateur a été forcé de suspendre son discours au plus bel endroit, pour s'occuper de choses qui touchaient de près à sa personne.

Le mariage de la reine avec le fils de don Carlos guérissait le mal dans sa racine; dès lors tous les défenseurs d'Isabelle, non intéressés à de nouveaux troubles, se trouvaient sincèrement attachés au trône, ainsi que tout le parti carliste. Et ce résultat obtenu, qui était capable de renverser le gouvernement? Quelles espérances restaient à la révolution? Proclamerait-elle Isabelle? Isabelle serait sur le trône. Se soulèverait-elle contre le fils de don Carlos? le fils de don Carlos serait uni à Isabelle par un nœud indissoluble. Il ne serait pas possible de renverser l'un sans renverser l'autre; la révolution serait forcée de se résigner à reconnaître le pouvoir établi, sous peine d'entreprendre la folle tâche de changer la dynastie, et cela n'est pas possible en Espagne; là seraient pour s'y opposer tous ceux qui ont loyalement défendu le trône d'Isabelle, là seraient tous ceux qui ont défendu don Carlos; et à ces forces unies rien ne résisterait; la rébellion ne pourrait lutter contre elles, même pendant quelque temps.

Pour faire sentir davantage la force de ces vérités, nous ferons deux suppositions qui rendent évidentes la force du gouvernement, le mariage étant réalisé, et sa faiblesse, cette condition manquant ; supposons que Zurbano fût parvenu à entraîner à l'insurrection une grande partie de l'armée, et que, de même que celle-ci demeura fidèle à son devoir , elle eût passé dans les rangs ennemis ; que serait-il arrivé ? La réponse n'est°pas douteuse pour nous : le pouvoir aurait succombé. Figurons-nous qu'au lieu des dépêches favorables qui se succédèrent rapidement, il fût arrivé à Madrid la nouvelle que l'armée avait fait défection et qu'un corps de vingt mille hommes s'avançait sur la capitale ; il était à craindre qu'un mouvement ne tardât point à éclater et que le gouvernement se vît dans le plus grand embarras. Les Royalistes de Madrid et des environs auraient-ils prêté secours pour contenir et les révolutionnaires du dedans et l'armée du dehors ? Non certainement. Le parti carliste se serait-il levé dans les provinces pour défendre le gouvernement ? Non certainement. Si le trouble dans lequel se fût trouvé la nation eût produit un soulèvement, il est bien sûr que ce n'eût point été pour défendre la situation. Et qui pourrait se flatter que les Carlistes s'enthousiasmeraient subitement pour un ordre de choses qui n'en faisait aucun cas, pour une situation qui les repoussait ?

Mais supposons, le mariage de la reine réalisé avec le fils de don Carlos, qu'il y ait parmi les généraux un traître qui entraîne à la révolte un corps d'armée en proclamant Espartero, en levant un drapeau plus ou moins révolutionnaire. L'armée loyale sera contre l'armée insurgée ; et la loyauté sera invincible parce qu'elle aura pour appui l'immense majorité de la nation. Figurez-vous, si vous le voulez, que tous les avantages imaginables sont en faveur des rebelles , supposez qu'ils triomphent dans les premières rencontres ; dans toute la circonférence de la Péninsule est répandue cette masse immense qui constitue le parti royaliste qui faisait le soutien des armées de don Carlos ; l'armée révolutionnaire, au milieu de ses succès , se trouvera sans communications libres, manquera de vivres et aura à lutter de tous côtés contre l'esprit du pays. Elle sera arrêtée par les difficultés qui arrêtaient plus ou moins les armées de la reine durant la guerre civile ; et ces difficultés seront encore beaucoup plus grandes, car l'union des défenseurs d'Isabelle avec ceux de don Carlos contribuera à les augmenter. L'armée révolutionnaire périrait malgré ses victoires.

Mais poussons plus loin la supposition ; supposons que les révolutionnaires s'emparent de la capitale même, que les royales personnes ont été forcées d'abandonner leur palais et de prendre la fuite. Là sont les provinces du Nord, ces provinces qui à elles seules ont tenu tête, pendant six ans, à une armée de cent mille hommes ; là est le royaume de Valence ; là est le bas Aragon ; là sont les montagnes de la Catalogne, qui soutinrent la guerre avec tant de bravoure et de ténacité. A quelle extrémité le gouvernement révolutionnaire ne se trouvera-t-il pas réduit, de toutes parts entouré d'ennemis, abandonné à lui-même, avec des adversaires qu'il ne put vaincre lorsqu'il s'abritait derrière le trône ? Que pourra-t-il faire, ce trône étant contre lui, et ceux qui combattaient auparavant dans des camps opposés étant confondus en un seul parti ? Que fera-t-il lorsqu'il aura tout près cette Manche , ces plaines de Castille où les partisans de don Carlos étaient si nombreux, où éclata, aussitôt après la mort de Ferdinand, un mouvement colossal qui ne fit pas crouler le trône d'Isabelle parce que don Carlos ne se trouva point sur le lieu de l'insurrection? Les armes tomberaient des mains même des plus intrépides, lorsqu'ils verraient qu'ils ont à lutter avec des ennemis si nombreux et si puissans, lorsqu'ils verraient qu'ils ont contre eux tous ceux qui soutenaient don Carlos pendant la guerre, et presque tous ceux qui combattaient en faveur de la reine.

Nous laisserons marcher plus loin la supposition; que les rebelles s'emparent non seulement de Madrid, mais encore des personnes royales : qu'arrivera-t-il? Si la révolution se livre aux dernières extrêmités, elle mourra bientôt de ses propres excès ; elle aura les mêmes ennemis, et le chef de ces ennemis se trouvera dans le palais même. On imposera peut-être des conditions; on fera des menaces, mais c'est lutter en vain contre la force des choses ; Isabelle et le fils de don Carlos jetteront les yeux sur leurs loyaux serviteurs, ils réclameront leur secours par l'un ou l'autre moyen, et un coup de main accomplira ce que la force de l'opinion aura préparé.

L'on ne dira pas que nous n'avons pas fait toutes les suppositions favorables aux adversaires; et cependant le triomphe de la révolution serait impossible. Mais ces suppositions ne se changeraient point en réalités, car si l'armée a été entraînée à l'insurrection, on ne l'a dû qu'aux circonstances et surtout à l'opinion de la faiblesse du gouvernement. Lorsque ce gouvernement reposerait sur une base si large, lorsque les rebelles n'auraient pas d'autre perspective qu'un châtiment sévère, lorsque se soulever équivaudrait à se déclarer ennemi, non d'un parti, mais du trône lui-même, il est bien sûr qu'un militaire y penserait souvent avant de manquer à ses devoirs, et celui qui serait assez hardi pour cela se verrait bientôt abandonné de ses compagnons.

Pour preuve de ce que nous avançons, que l'on se rappelle ce qui a eu lieu dans ces derniers temps. Malheureusement les militaires ont eu le funeste exemple de la révolte produisant des grades et des décorations ; et néanmoins, lorsqu'est venu le cas de s'insurger, ils ont hésité long-temps, du temps même d'Espartero. Que l'on se rappelle les événemens d'octobre 1841; que l'on se rappelle ceux de Barcelone en novembre 1842; que l'on se rappelle la résistance qu'opposa l'armée à Barcelone, en juin 1843, en refusant de se séparer du gouvernement malgré une explosion sans égale de l'opinion publique ; que l'on se rappelle les forces nombreuses qui suivirent Zurbano et Seoane jusqu'à la dernière extrêmité, et les corps qui n'abandonnèrent Espartero qu'au moment de sa fuite. Qu'est-ce que cela indique? que l'armée ne tend pas d'elle-même à la défection, qu'elle ne la fait point sans y être portée par des circonstances très favorables; et ce qui le confirme, c'est qu'elle est restée sourde aux instigations des révolutionnaires, lors des événemens d'Alicante et de Carthagène et de la tentative de Zurbano dans la Rioja.

Constituez un pouvoir qui soit soutenu par l'immense majorité de la nation, et l'armée ne l'abandonnera pas ; mais si ce pouvoir s'appuie sur une faible minorité, si les situations ne s'étayent que sur tel ou tel individu, si le mécontentement se propage, si des partis nombreux se voient privés de l'espérance d'être écoutés en rien, alors craignez que les scandales des années antérieures ne produisent leur résultat naturel ; craignez que des projets d'ambition ne travaillent dans certaines têtes ; craignez que cette ambition ne s'exalte avec la rivalité, avec le ressentiment, peut-être avec l'envie ; craignez que quelque jour cette ambition ne jette autour d'elle un regard scrutateur pour s'assurer que le pays n'est pas pour le gouvernement, et que, s'en étant convaincue, nous n'ayons à déplorer les maux qui nous ont affligés si souvent.

Les plus sévères accusateurs du parti carliste eux-mêmes, ne pourront nier qu'il y avait en lui un grand fonds de convictions monarchiques et religieuses, qu'il était pour ainsi dire le dépositaire de l'antique esprit national. Le cri de *Roi et de Religion*, qui retentissait dans le camp carliste, pourra paraître fanatique à certains hommes ou tout ce que l'on voudra ; mais ce qu'il y a de certain, c'est que ce même cri était celui que l'on poussait du temps de la constitution, et ce même cri était celui qu'on entendait dans toute la circonférence de la Péninsule durant l'immortelle lutte de l'indépendance. Cela prouve aux yeux de la raison et de l'impartialité, que ce qui a lutté en Espagne durant cette dernière guerre, ça été la société antique contre la société nouvelle ; la société des croyances et des coutumes religieuses, des habitudes et des sentimens monarchiques, contre la société des innovations, du développement des intérêts matériels, de l'esprit communiqué à une certaine partie de la nation par le souffle du siècle. Chaque fois que cette lutte a lieu dans une société, on peut assurer qu'une immense quantité d'élémens d'honneur et de patriotisme sont pour le passé ; élémens vraiment conservateurs et que l'on ne peut déprécier, qu'il est nécessaire de faire agir si l'on veut un contre-poids aux tendances désorganisatrices des élémens nouveaux.

Il suffit d'avoir un peu réfléchi sur l'histoire d'Espagne, ou d'avoir fait attention aux événemens gigantesques dont nous avons été témoins, pour se convaincre que l'élément antique est très puissant en Espagne et très enraciné ; et que le gouvernement qui se trouve en opposition avec lui, se condamne pour de longues années à une lutte plus ou moins violente, mais toujours très vive. La tranformation d'une société, si actives que soient les causes qui y poussent, est l'œuvre d'un temps reculé : elle le sera, surtout en Espapagne, où sont si faibles les moyens qui existent pour faire pénétrer dans ses entrailles le virus de l'incrédulité et de l'indifférence qui ronge d'autres nations de l'Europe. C'est la plus grande des fautes, c'est d'un aveuglement inconcevable que de se mettre en lutte avec cet élément ; c'est se montrer indigne du titre d'homme d'État que de ne pas comprendre toute l'importance, toute la nécessité d'en profiter pour donner de la force au gouvernement ; de ne pas rechercher sérieusement s'il y a quelque moyen de concilier le nouveau avec l'antique, en sorte qu'ils ne troublent ni l'un ni l'autre, qu'ils n'aient ni l'un ni l'autre une prépondérance exclusive et oppressive, et que tous deux se combinent d'une manière convenable pour que le nouveau puisse, pour ainsi dire, servir de moteur, tandis que l'antique servirait de modérateur, en établissant ainsi un mouvement agréable sans violence ni sans secousses.

Selon nous, on obtiendrait ce résultat par le mariage indiqué ; autrement, non : car il ne suffit pas de dire au parti carliste qu'on veut le protéger ; cette protection serait le plus souvent inefficace, et toujours un peu humiliante, comme son nom même l'indique. Pour qu'un parti développe au sein de la société et pour le soutien du pouvoir public les élémens de vie qu'il contient, il ne suffit pas de l'appeler, il ne suffit pas de l'exhorter ; il est nécessaire qu'il aperçoive quelque garantie positive ; que l'on satisfasse en quelque sorte son amour-propre ; qu'il ne se voie pas forcé d'entrer dans la sphère de la politique comme par grâce et par amnistie, mais qu'on le regarde comme égal aux autres, en respectant ses principes et en leur faisant place dans le cercle du gouvernement. Cela n'aura pas lieu sans le mariage ; sans lui des cris retentiront souvent contre les ennemis de la reine, contre ceux qui conspirent en faveur de don Carlos ; ce sera une tache plus ou moins noire, mais très visible, d'avoir été Carliste. C'est là un germe perpétuel de partialité et d'injure, et, par conséquent, de ressentiment et de haine. Il n'y a plus maintenant personne qui méconnaisse la convenance, ou, pour mieux dire, la nécessité de chercher l'appui des principes monarchiques et religieux ; eh bien ! une grande partie de ceux-ci étaient sous le drapeau de don Carlos, auquel ils se sont unis, avec ou sans raison ; et il sera nécessaire que la génération présente disparaisse pour que l'action du temps efface le souvenir de cette alliance. Nous avons dit avec ou sans raison, car ici nous ne nous occupons pas de droits, mais de faits, et si les droits souffrent discussion, les faits ne la souffrent pas.

Il est absolument impossible que le trône voie tous les Espagnols groupés autour de lui, si un mariage, symbole de l'union, de la fusion de tous les droits et de toutes les prétentions, n'a pas lieu ; mariage qui, sans humilier aucun des partis qui ont divisé la nation, permettre aux hommes de toutes les opinions d'adhérer sincèrement et cordialement au pouvoir sans abjurer aucun principe, sans se mettre en contradiction avec leurs antécédens. Ainsi, l'on effacerait cette ligne qui divise encore les Espagnols en dynastiques et anti-dynastiques ; ce mur de séparation qui les empêche de se rapprocher, de s'entendre, de s'unir pour former un gouvernement vraiment national, tomberait. Si l'on n'adopte pas ce moyen, si nous ne profitons pas de cette ancre que la Providence nous a fournie au milieu de nos infortunes, si nous ne comprenons pas tout ce que vaut cette circonstance où l'âge et la diversité du sexe se prêtent à une transaction, l'Espagne pleurera long-temps l'aveuglement de ceux qui sont chargés de la diriger ; et plaise à Dieu que l'avenir ne voie pas se renouveler les catastrophes dont nous avons été témoins.

Mais on nous dira : de si grands avantages ne sont-ils pas compensés par de très graves inconvéniens ? Pouvez-vous oublier ce qui s'est passé et ne compter pour rien ce qui pourrait arriver ? Croyez-vous que ces projets, si favorables à l'indépendance nationale, si contraires aux dissensions intestines, n'apportent pas dans leur sein de nouveaux élémens de discorde qui l'allument et la ravivent au lieu de l'apaiser ? N'est-il pas à craindre que le mariage de la reine avec le fils de don Carlos ne produise une réaction violente ? Nous ne le croyons pas, et nous sommes persuadé qu'il y a des moyens de l'éviter et de la rendre presque impossible. Nous expliquerons, dans l'article suivant, les raisons sur lesquelles se fonde notre opinion, et nous indiquerons quels sont ces moyens.

ARTICLE SIXIÈME.

Nous ne doutons pas que tous les hommes de raison saine et de bon jugement n'aient regardé comme appréciables les considérations que nous avons présentées dans les articles précédens, et ceux qui, malgré ces considérations, ne seraient pas convaincus de la convenance de ce mariage, seront pour sûr retenus par une difficulté que nous allons examiner avec toute franchise.

Il nous semble entendre parler ces hommes de la manière suivante : « Nous ne nions pas que les raisons alléguées en faveur du mariage de la reine avec le fils de don Carlos soient d'un grand poids ; nous ne refusons pas de voir que, s'il était possible de le réaliser sans certains inconvéniens, la position de l'Espagne serait plus forte à l'extérieur, la tranquillité plus cimentée à l'intérieur ; que l'avenir serait plus sûr et moins exposé à de funestes éventualités ; que le gouvernement, appuyé sur l'immense majorité de la nation, assis sur une base aussi ferme que large, romprait cette chaîne d'insurrections militaires, de rassemblemens tumultueux, de pronunciamientos, de changemens de politique, de destitutions en masse, de persécutions et de vengeances qui bouleversent le pays depuis quelques années et scandalisent l'Europe. Nous n'ignorons pas qu'il est d'un immense avantage d'effacer cette ligne de divisions qui empêche la formation d'une véritable nationalité, et de ne pas laisser à la lente action du temps le soin d'extirper les germes de discorde qui, autrement, rongera les entrailles de la nation durant l'espace d'un demi-siècle. Nous voudrions aussi concourir au grand spectacle d'un peuple qui, après avoir combattu dans une guerre à mort, divisé en partis acharnés, s'embrasse autour du trône où se réconcilie la royale famille ; mais cela est-il possible sans de très graves inconvéniens ? Est-il possible d'accomplir le mariage sans qu'il en résulte une réaction ? » C'est là la plus grave, ou, pour mieux dire, la seule difficulté ; résolvez-la, et le problème est résolu.

Nous sommes sûr d'avoir présenté, avec la plus fidèle exactitude, les idées et les sentimens de beaucoup d'hommes compromis pour le trône d'Isabelle II ; nous convenons avec eux que c'est là la plus grave, ou, pour mieux dire, l'unique difficulté. En cela, nous leur donnons la preuve que nous procédons de bonne foi, et nous voudrions que tous les carlistes se convainquissent profondément de cette vérité, s'il en est quelques uns qui ne le soient pas, afin qu'ils eussent toujours les yeux fixés sur elle, et qu'elle leur servît de règle de conduite.

Si nous eussions voulu éblouir, si nous nous étions proposé de traiter cette question en ne nous occupant que de l'intérêt d'un parti et non de l'intérêt national ; si nous avions eu l'intention de séduire au lieu de convaincre, nous aurions cherché à dissimuler cette difficulté ; ou nous l'aurions effleurée très légèrement, ou nous aurions dit que le fils de don Carlos pouvait venir comme un autre prince quelconque et s'abstenir d'influer sur les affaires publiques ; qu'ainsi l'on s'assurait qu'il n'y aurait point de réaction, et d'autres vulgarités du même genre. Mais nous avons voulu être franc ; nous n'avons pas voulu de moyens faciles, mais indignes ; nous avons avoué qu'il y avait une difficulté là où il y en avait une. Nous reconnaissons avec nos adversaires, que si le fils de don Carlos venait, il aurait une influence très positive dans le gouvernement, et non seulement nous le reconnaissons, mais nous en avons déjà montré la convenance , la nécessité qu'il en fût ainsi pour fortifier le trône et protéger la faiblesse de l'auguste orpheline qui , à un âge si tendre, tient dans ses mains délicates les rênes d'une monarchie si vaste et si agitée. Quand donc nous arrivons à examiner s'il est possible d'éviter la réaction que l'on craint, nous le faisons en admettant la discussion sur le terrain même où les adversaires l'ont placée , c'est à dire en supposant que ce prince eût une véritable influence dans les affaires de l'État. Nous ne pouvons pas être plus explicite.

Pour plus de clarté, nous commencerons par fixer le sens du mot *réaction* ; ce qui est d'autant plus nécessaire, que c'est là un de ces mots qui , employés quelquefois avec légèreté, d'autres fois avec malice, et presque toujours avec peu d'exactitude, offrent à l'esprit une vague idée de dépossession, de persécutions, d'horreurs, très à propos pour compliquer la question en trompant les imprudens, en effrayant les timides et en alarmant les soupçonneux.

Il existe à ce sujet de fortes préventions formées pendant la guerre civile , et que quelques uns appliquent, sans assez de discernement, aux circonstances actuelles.

Si don Carlos avait été favorisé par le sort des armes lorsqu'il se présenta, en 1837, aux portes de Madrid, il est évident que la réaction aurait eu lieu ; mais alors même il n'aurait pas été aussi facile que quelques uns se l'imaginent de remettre toutes les choses dans l'état où elles se trouvaient à la mort du roi, car la révolution avait régné trop long-temps avec trop de liberté pour que l'on pût relever ce qu'elle avait détruit. Néanmoins, il faut avouer que vu les idées religieuses et politiques de quelques uns des conseillers de don Carlos, on aurait fait de grands efforts pour effacer la trace de la révolution, bien qu'on n'eût pu y parvenir. Il n'est pas facile de dire jusqu'où les choses auraient pu aller, mais on peut assurer qu'elles auraient été très loin. Il est vrai qu'alors il y avait déjà dans le camp de don Carlos des hommes qui étaient d'avis d'une transaction, et qui croyaient que le moment était venu de céder quelque peu pour ne pas s'exposer à tout perdre ; mais ces hommes eussent été entraînés par la force des choses, et leur opinion n'eût pas prévalu, dans les premiers temps du moins. Mais les circonstances sont essentiellement différentes : les confondre, c'est oublier le passé ; c'est ne pas faire attention à ce que nous avons sous les yeux.

La réaction que l'on craint devrait être contre les personnes ou contre les choses, ou contre les unes et les autres ; c'est à dire qu'il devrait résulter du mariage un changement dans les choses, ou des dédains et des persécutions pour les personnes. Nous examinerons longuement ces deux points.

Les choses qui prêteraient le plus aux changemens sont les affaires religieuses. Que craindraient à ce sujet quelques uns de ceux qui s'opposent au mariage en question ? La *destruction des faits accomplis et la restauration du passé.* A la destruction des faits accomplis tient la ruine des intérêts créés par la révolution, la dévolution de tous ses biens à l'Eglise ; la restauration du passé consisterait à remettre les choses ecclésiastiques sur le pied où elles se trouvaient à la mort du roi. Nous croyons avoir fidèlement exprimé les idées de ceux qui craignent la réaction sur ce point, sans cacher, ni diminuer, ni altérer quoi que ce soit.

Nous avons souvent insisté sur la force que conserve en Espagne l'élément religieux; nous ne pourrions donc méconnaître l'importance de tout ce qui s'y rattache. Ce n'est pas tout ; cet élément, vu les coutumes et les promesses antiques et modernes, est de lui-même belliqueux et porté par conséquent à sortir du terrain de la discussion en faisant appel aux armes. C'est pourquoi nous convenons que, maintenant même, si l'on ne prenait aucune précaution (et le ressort difficilement comprimé se rompra subitement), nous convenons que les faits accomplis pourraient fort bien être renversés, que l'on pourrait tenter une restauration du passé, sinon complète, car cela ne nous paraît pas possible, du moins partielle. Nous concevons donc ce qu'il y a de fondé dans les craintes de ceux qui sont intéressés à certains faits ; nous le répétons, craintes fondées, parce qu'elles naissent du sentiment de la faiblesse intrinsèque des faits eux-mêmes et de leur évidente opposition avec les idées et les sentimens de l'immense majorité du peuple espagnol. Quel remède à cela ? Nous allons l'expliquer.

On sait que nous avons fait la guerre aux faits accomplis ; que nous ne les avons ni admis ni consenti ; nous avons dit plusieurs fois que nous garderions la même ligne de conduite jusqu'à ce qu'intervienne l'autorité, qui nous imposerait silence à nous et à tous les catholiques. Eh bien ! quel que soit le résultat de ces affaires, quel que soit le sort réservé aux faits accomplis, qu'ils restent tels qu'ils sont, qu'ils soient détruits, qu'ils soient modifiés, nous croyons que le moyen d'éviter des bouleversemens, d'éviter que le fils de don Carlos se voie resserré entre des sentimens opposés aussitôt son entrée en Espagne, et d'obvier à ce qu'on ne résolve par des voies de fait ce qui doit se résoudre par l'intermédiaire juste, légitime, pacifique et doux de l'autorité compétente, serait que ces affaires si graves et si délicates fussent complètement résolues avant l'entrée de ce prince en Espagne; que le clergé sût positivement à quoi s'en tenir ainsi que les acquéreurs des biens de l'Eglise. Alors, si le prince se voyait pressé par les exigences des uns ou des autres, il aurait toujours prête une réponse très simple et très satisfaisante : « Des stipulations solennelles, auxquelles le gouvernement ne peut manquer, ont eu lieu avant mon arrivée; la suprême autorité de l'Eglise s'est interposée; je ne suis pas venu ici pour enfreindre les lois et rompre des pactes augustes, mais pour faire respecter les lois et pour accomplir les traités, autant qu'il est en moi. »

Nous regardons cet arrangement préalable comme nécessaire, si l'on ne veut pas que le fils de don Carlos, aussitôt après son entrée en Espagne, soit accusé de faiblesse par les uns et de dureté par les autres. Autrement, on ferait retomber sur lui la faute de tout ce qui se ferait, et il y aurait fort à craindre que, ne pouvant contenter entièrement tout le monde, les uns lui disent qu'il est ingrat et qu'il les abandonne, et que les autres ne criassent que l'on inaugure une ère de réaction, de persécutions et de vengeances.

Que tous les penseurs, que tous ceux qui désirent un dénoûment pacifique pour notre situation compliquée, méditent sur l'importance de ces vérités. Procéder autrement, ce serait provoquer un conflit qui pourrait compromettre la réconciliation désirée. L'intérêt du trône, l'intérêt du prince lui-même, l'intérêt des idées monarchiques et religieuses, qui ne doivent pas être décréditées par des exagérations et des violences, réclament cette mesure préalable; l'intérêt de la paix et de la tranquillité de la nation la réclame. Dans les circonstances présentes, avec l'exaspération des esprits soutenue et excitée par la lutte et l'incertitude de grands intérêts, il serait extrêmement difficile d'éviter un conflit qui pourrait devenir très grave pour peu qu'on en vînt sur le terrain de la violence. Nous ne le désirons pas, parce que nous ne désirons pas que l'on trouble la tranquillité publique, parce que nous ne conseillons pas le mariage comme un moyen d'accomplir des réactions violentes, mais comme une réconciliation de tous les Espagnols inaugurée et assurée par la réconciliation de la famille royale.

Il ne manque pas de gens qui imputent au clergé l'indigne idée de subordonner le spirituel au temporel, de soutenir le premier comme moyen d'obtenir le second, et de ne pas reculer devant l'horrible spectacle d'une nouvelle guerre civile pourvu que l'Église pût recouvrer ses biens perdus. Quelles preuves pour une accusation semblable? Qu'est-il résulté des procès et des enquêtes faites pour vérifier ce qu'il y a de vrai dans les expressions que l'on suppose avoir été proférées dans la chaire contre les acquéreurs de biens ecclésiastiques? Où sont ces tentatives de trouble universel contre lesquelles on a tant déclamé? Qu'a dit la presse religieuse? « Ma conscience, » a-t-elle répété plusieurs fois, « ma conscience ne me permet pas de reconnaître comme légitime un fait contraire au droit naturel, aux sacrés canons, aux lois civiles, à la constitution même de l'État. Ce fait est, à mes yeux comme aux vôtres, une spoliation; vous l'avez dit; mais il y a un moyen de couper court aux réclamations et d'assurer les acquéreurs dans leur possession; demandez l'approbation du souverain-pontife et l'affaire est terminée pour nous. » La presse religieuse pourrait-elle tenir un autre langage sans manquer à ses devoirs les plus sacrés, sans se démentir elle-même? Quelle qualification mériterait une presse qui, s'appelant catholique, mépriserait les prescriptions de tant de conciles, y compris le concile de Trente? Cependant on n'a pas voulu entendre ces paroles; mais ceux qui ont pris le parti d'alarmer et d'exaspérer, ont procédé, ce nous semble, avec peu d'habileté. Maintenant que les négociations avec Rome sont pendantes, il n'est pas prudent d'irriter les esprits ni de donner une triste idée de la situation du gouvernement, en le défendant avec chaleur et en prodiguant en même temps au clergé les épithètes les plus dures et les plus insultantes. Non, une semblable conduite n'est pas prudente, et le ministère pourrait bien préférer ses adversaires à de tels amis.

Quoi qu'il en soit, nous considérons l'incertitude présente comme un puissant élément de discorde, comme une semence d'incessante agitation. Ces nouveaux intérêts, qui ont la conscience de leur propre faiblesse, s'alarment à la moindre apparence de danger; lors même que le danger n'existe pas, ils y pensent continuellement; ils ont peur du clergé, peur du peuple, peur du gouvernement, peur d'autres régions; ils s'effraient de leur propre ombre. C'est pour cela qu'ils alarment, qu'ils crient, accusent et exigent de continuelles sécurités, des déclarations explicites du ministère, comme si les paroles d'un homme changeaient la nature des choses. Mais, nous le répétons, ces acquéreurs et ceux qui les défendent ont pris une voie mauvaise, très mauvaise. Personne n'a plus d'intérêt qu'eux à ce que tout se termine par une négociation, par des moyens pacifiques, avec l'intervention de l'autorité qui peut imposer silence aux catholiques. Il ne leur convient pas de susciter des embarras aux négociations en appelant l'attention de Rome par de violentes invectives contre le clergé, et en faisant voir qu'il est à craindre que les scènes des premières années de la révolution ne se reproduisent. Le mot de *guerre*, qui a été prononcé par quelques acquéreurs de biens de l'Église, est souverainement injuste, impolitique. Qu'est-ce que le clergé pourrait perdre dans cette guerre? Ses biens? Il y a long-temps qu'il les a perdus. L'espoir de recouvrer le peu qui n'a pas été vendu? Cela ne fait pas la sixième partie de sa dotation. Ne pas toucher ce qui lui est assigné sur le Trésor? Il a eu lieu de s'y accoutumer. Sa position politique? Il n'en a aucune. Sa considération sociale? La seule qui lui reste est celle qui est fondée sur les croyances, et les croyances ne se détruisent point par un décret. Sa sécurité personnelle? Et par quel moyen la perdrait-il? Par les tribunaux? Rappelez-vous ce qui s'est passé du temps d'Espartero. Par des émeutes? Oh! il est bien certain, pour le moment, que personne ne se hasardera à les déchaîner. Chaque chose a son temps; en outre, il ne faut pas oublier que si les couvens furent un jour inondés de sang, Canterac, Bassa, Quesada, San-Just, Donadio, Mendez Vigo, Saarsfield, Escalera et Esteller furent aussi assassinés; et quand même quelques acquéreurs presseraient le général Narvaez de les laisser délier le monstre pour quelques heures afin de mettre en pièces le clergé, nous sommes sûr qu'ils n'obtiendraient d'autre réponse que celle-ci : « Croyez-vous que j'ai oublié les coups de mousquet qui m'ont été tirés, et la mort de l'infortuné Baseti ? »

Cessons donc de placer la solution de cette affaire sur le terrain de la force, car cela est tout-à-fait inutile; puisqu'il est des moyens de la résoudre pacifiquement, que ceux qui les connaissent en profitent ; et si le souverain-pontife croyait, eu égard aux événemens passés et pour le repos de l'Espagne, qu'il convient que les réclamations contre la spoliation cessent à tout jamais et que le moment est arrivé de protéger de son autorité les possesseurs actuels, le clergé se tairait, donnant une preuve de désintéressement à ceux qui possèdent les biens qu'il possédait et qui l'appellent cupide. Le clergé fera voir à la face du monde qu'il ne règle sa conduite que sur le devoir. Mais, tant que cette condition ne sera pas remplie, il n'y aura pas un ecclésiastique qui puisse reconnaître le fait; lorsqu'il ne lui sera pas permis de protester tout haut, il le fera dans sa conscience. Et un véritable catholique, un catholique instruit de ce que prescrivent sur ce point les canons de l'Église, ne pourra jamais condamner la conduite des ecclésiastiques qui agiront ainsi pour ne pas manquer à une obligation sacrée, pour ne pas vouloir mépriser, comme ministres de l'Eglise, ce que doivent respecter, non seulement eux, mais encore tous les chrétiens.

Quelques organes de la situation semblent croire que l'on suscite au gouvernement toutes sortes d'obstacles afin de l'empêcher d'arriver à une réconciliation avec le Saint-Siége ; nous tous qui défendons les bonnes doctrines, nous tous qui soutenons aujourd'hui ce que nous soutenions hier, on nous traite comme si nous désirions la continuation de l'état actuel des choses de l'Eglise pour avoir sous la main un moyen de troubler les consciences, d'alarmer les esprits, de préparer une autre guerre civile ; comme si nous ne nous prévalions des motifs religieux que comme d'un levier capable de produire un changement politique. Et ce qu'il y a de plus affligeant en ceci, c'est que le gouvernement, qui devrait par sa politique élevée vivre au dessus de l'atmosphère des passions et ne laisser tomber de ses lèvres que des paroles très mesurées, a lui-même l'habitude de profiter des occasions qui se présentent pour adopter aussi le langage d'une certaine partie de la presse, pour parler aussi d'ingratitude, d'esprit réactionnaire et surtout de conspirations. Si vous ne cessez de dire que l'on conspire contre le gouvernement en sens opposés, quelle idée de votre situation donnerez-vous à l'Europe ? Quelle confiance inspirerez-vous à Rome pour traiter avec vous, lorsque lui peignant les périls qui vous menacent, dites-vous, vous lui manifestez le danger de ne pas pouvoir accomplir ce que vous lui aurez promis ? Non, les hommes religieux ne sont pas aveugles comme vos amis s'opiniâtrent à le dire ; s'il vous est premis d'arriver à un arrangement avec le souverain-pontife, nous vous en félicitons ; mais s'il surgit des difficultés, nées de la gravité même et de la complication de l'affaire, n'accusez pas ceux qui sont innocens ; accusez nos douze ans d'agitations, accusez le malheur des circonstances où nous a conduits une longue suite d'événemens déplorables, et accusez-vous peut-être vous-mêmes, vous qui, par une diplomatie mal entendue, avez voulu attendre, conservant comme gage des biens qu'il était plus prudent de rendre par un acte spontané de justice, qu'en cédant à une exigence.

Quoi qu'il en soit, en nous occupant de la réconciliation avec le Saint-Siége nous faisons complète abstraction des personnes qui la réaliseront ; nous ne sommes préoccupés que d'une pensée, de la voir se terminer d'une manière convenable au bien de l'Eglise et de l'Etat. Et quant à la nécessité et à l'urgence d'arriver à cette réconciliation si désirée, nous sommes profondément convaincu que l'Eglise d'Espagne souffre beaucoup du retard ; car le principal sujet de plainte de l'Eglise n'est pas la perte de ses biens, n'est pas d'avoir plus ou moins d'influence politique, c'est d'être privée de ses pasteurs ; ce qui est cause de la négligence que l'on met à la formation du clergé, c'est qu'il nous manque des ecclésiastiques distingués par leur vertu et par leur science, sans que nous voyons d'où l'on tirera à l'avenir ceux qui devront les remplacer. C'est pour ces raisons et d'autres semblables que nous désirons ardemment que s'opère la réconciliation avec le Saint-Siége ; et c'est pour cela que nous regrettons qu'une politique égarée, qu'une méfiance excessive, que l'esprit de parti suscitent ces obstacles que l'on attribue ensuite à d'autres, en appelant agresseurs ceux qui sont vexés, perturbateurs ceux qui sont insultés.

Voilà comment nous ne désirons pas le mariage de la reine avec le fils de don Carlos comme un moyen d'accomplir des réactions violentes ; tout au contraire, pour éviter des conflits au gouvernement et peut-être des dangers à la tranquillité publique, nous désirons qu'un arrangement ait lieu avec le Saint-Siége avant la réalisation du mariage. Et il y a long-temps que nous professons cette opinion ; il y a long-temps que nous croyons très convenable de séparer la question religieuse de la question politique, de travailler à résoudre celle-là lors même qu'il ne serait pas possible de résoudre celle-ci, et de préparer, au moyen d'un arrangement des affaires religieuses, un arrangement flatteur en ce qui concerne les affaires politiques. En 1843, nous avons publié dans la *Société* sur l'urgente nécessité d'un concordat, deux longs articles dans lesquels nous avons largement développé les idées que nous n'avons fait qu'indiquer ici.

Non, nous ne sommes pas des utopistes rêveurs qui subordonnent tout à une seule idée, qui se proposent de tout circonscrire dans un système inflexible, et de remédier d'un seul coup à tous les maux ou de les laisser tous sans remède. Il est nécessaire, vu la complication où en sont les affaires publiques, en Espagne, de les débrouiller comme on pourra, fût-ce une à une. On change une situation avec un coup d'Etat, mais on ne forme pas tout un système, et l'on n'efface pas tout d'un coup les traces de longues années de bouleversemens. C'est pour cela que nous n'avons jamais été de ceux qui disent: *Tout ou rien.* Nous jugeons cette autre règle beaucoup plus prudente: *Sinon tout, du moins quelque chose.* Nous n'avons jamais professé non plus le principe des oppositions aveugles qui disent : *De nos adversaires, nous ne voulons pas même le bien* ; *de nos amis, nous applaudissons jusqu'au mal* ; nous regardons ces règles comme insensées et surtout comme immorales ; nous applaudissons au bien jusque dans les adversaires, et le mal nous le réprouvons jusque dans nos amis. Aussi, si le ministère actuel, ou un autre quelconque, pouvait conduire à bien les négociations avec Rome, dans un sens favorable à l'Église et à l'État, nous nous réjouirions sincèrement, lors même que leur triomphe ébranlerait un peu la force du principe politique qui mériterait le plus nos sympathies. Au dessus de l'intérêt des partis est l'intérêt de la nation ; au dessus de la politique est la religion ; au dessus des considérations du moment est l'avenir des peuples ; au dessus de ce qui passe comme un songe est ce qui se rattache aux grands destins de l'humanité sur la terre, ainsi que le sort de l'homme au delà du sépulcre.

Est-ce là être réactionnaire ? Pensez-vous que nous n'attendons le triomphe de la religion que de la violence? Que veulent dire ces paroles que vous nous répétez sans cesse, que les années ne passent pas en vain? Croyez-vous, par hasard, que nous ne distinguons point entre hommes et hommes, entre circonstances et circonstances, entre temps et temps? L'esprit de l'époque repousse l'emploi des moyens matériels pour parvenir au triomphe des idées ; eh bien! la religion n'en a nullement besoin ; le siècle présent est un siècle de discussion ; la religion ne la craint pas ; il faut, pour obtenir la victoire, de la lumière dans l'entendement, de l'énergie dans la volonté, de la constance dans le travail, de la résignation dans la disgrâce, un courage à l'épreuve de tous les revers et de tous les contre-temps ; et ces qualités ne s'appuient sur nulle autre doctrine comme sur la religion ; aucun sentiment, aucun intérêt ne les produisent comme la religion ; subjugant l'homme tout entier et le vivifiant jusqu'au fond de son être, elle le rend capable d'entreprendre et d'accomplir les plus grandes choses.

On voudra bien nous pardonner notre digression, car elle n'est pas tout-à-fait inopportune, tant on cherche à entraîner l'opinion contre ceux qui soutiennent les idées religieuses. Qu'on se rappelle que nous nous occupons du fils de don Carlos et que, pour quelques uns, ce nom est à peu près synonyme de fanatisme, de persécution, de vengeance, et alors on comprendra que ce n'est pas sans raison que nous nous sommes arrêté un moment à expliquer ce que nous pensons sur le sujet et à présenter les objets sous leur véritable point de vue.

Le gouvernement espagnol réconcilié avec le Saint-Siége, toutes les questions religieuses, les questions religieuses comme les questions temporelles, arrangées, il serait impossible que la venue du fils de don Carlos produisît une réaction pour des motifs religieux. Le clergé espagnol, dont l'adhésion au Saint-Siége a résisté à la dure épreuve des persécutions, serait le premier à révérer les dispositions du souverain-pontife, et il se résignerait tranquillement à tout ce que l'on résoudrait, à tout ce que l'on établirait d'accord avec le vicaire de Jésus-Christ. C'est là un moyen sûr, infaillible, d'éviter les réactions que l'on redoute; et pour cela, il suffit de suivre, avec prudence et sagesse, le sentier de la justice.

Dans cette supposition, loin que la venue du fils de don Carlos fût à craindre, ceux qui auraient été favorisés dans l'arrangement des affaires avec Rome y seraient intéressés. Savez-vous pourquoi? Parce qu'avec le mariage, le fils de don Carlos entrerait en se soumettant aux conventions précédemment stipulées entre le Saint-Siége et le gouvernement, et il s'engagerait à les respecter, par le fait même de la transaction dynastique. Mais si le mariage n'a pas lieu, si on laisse la branche de don Carlos sans aucun espoir, alors il y a les éventualités de l'avenir, il y a les complications qu'amènerait avec elle la mort de deux personnes augustes, et si, grâce à des événemens extraordinaires, la branche proscrite arrivait un jour au but de ses désirs, il ne serait pas impossible que son chef se refusât à reconnaître ce qui eût été traité avec le gouvernement de son rival.

Il est nécessaire de peser tout cela; car rien de cela n'est en dehors de l'ordre du possible. Que ceux qui y sont intéressés réfléchissent et jugent si nos conjectures et si nos indications sont tellement dénuées de raison, qu'elles ne soient pas dignes d'être au moins prises en considération. Que les peureux se convainquent de cette vérité; nous ne cherchons pas à les tromper ; nous désirons, pour toutes les difficultés, une solution légale et pacifique. Craignent-ils une réaction avec l'arrangement? Eh bien, qu'ils le fassent auparavant. Peuvent-ils exiger davantage?

Les affaires ecclésiastiques en sont venues à un tel point de complication, qu'il n'est plus possible de les arranger par une restauration complète ; l'intervention de l'autorité pontificale est absolument nécessaire. Que cette autorité intervienne donc, et ce qui sera établi avec son concours sera bien établi. Alors le mariage avec le fils de don Carlos, loin de menacer ce qui existe, lui donnerait une nouvelle force ; il le mettrait surtout à l'abri des éventualités que ceux qui seraient favorisés par l'arrangement sont intéressés à prévenir. Nous croyons avoir complètement dissipé les motifs qui pourraient donner lieu à craindre une réaction religieuse, en indiquant un moyen sûr de l'éviter ; maintenant, nous allons traiter de la réaction politique et de la réaction contre les personnes. Il existe aussi de l'inquiétude à ce sujet ; nous ne désespérons pas de pouvoir la dissiper.

La discussion nous suffit pour parvenir à notre but ; nous voulons la discussion, non la violence ; car, chaque jour nous sommes de plus en plus convaincu que la justice et la vérité sont de notre côté, et la vérité et la justice gagnent à être discutées. Ne sommes-nous pas sous un gouvernement de discussion ? Discutons donc ; expliquons nos opinions à la lumière du jour ; portons-les devant le tribunal qui devra prononcer en dernier ressort, le tribunal de l'opinion publique.

ARTICLE SEPTIÈME.

Nous avons examiné, dans l'article précédent, le côté le plus délicat et le plus difficile de la présente question, la possibilité d'éviter que le mariage de la reine avec le fils de don Carlos n'amène une réaction par des motifs religieux, et nous croyons avoir démontré jusqu'à l'évidence qu'il y a un moyen juste, légitime et agréable pour obtenir un résultat si important. Non content d'indiquer le moyen, nous avons montré franchement qu'il était, à notre avis, non seulement utile, mais encore nécessaire de l'adopter. Nous répondons par là à ceux qui craignent une réaction en ce qui concerne les affaires ecclésiastiques ; nous allons examiner maintenant s'il sera possible de l'éviter en ce qui touche à la politique.

A vrai dire, ce point n'est pas celui qui nous préoccupe le plus, soit à cause des nombreuses raisons que l'on peut alléguer contre des craintes exagérées, soit aussi parce que nous ne croyons pas que l'enthousiasme pour quelques degrés plus ou moins larges dans les formes politiques, soit si ardent qu'il arrive, tant s'en faut, à celui qu'inspirent les *intérêts créés*. Là est la véritable difficulté ; pour le reste, il ne sera pas si difficile de se laisser convaincre. Que le roi jouisse de telle ou telle prérogative ; que l'élément aristocratique entre au sénat en plus ou moins grande quantité ; que les bases de l'élection des députés soient plus ou moins populaires, tout cela et d'autres causes analogues n'intéressent pas autant que de vivre à l'aise avec sa famille, et de rivaliser sans désavantage avec ce qu'il y a de plus opulent dans la société, grâce aux gros produits de quelques fonds acquis à peu de frais.

Dans tous les grands bouleversemens de la société, l'établissement ou la ruine de certaines formes politiques est toujours un objet secondaire, bien qu'on le présente toujours comme le principal. Quand on ne se contente pas de regarder la superficie des faits, on découvre au fond les questions sociales enveloppées par les questions politiques, et l'on peut assurer que les secondes sont toujours subordonnées aux premières. La forme politique n'est qu'un instrument : lorsqu'il sert, on le vante, on l'exalte, on le défend avec acharnement; lorsqu'il est inutile, on s'en met peu en peine, on l'abandonne; lorsqu'il nuit, on le brise. Cette règle est si générale, que ni les Monarchiques, ni les Modérés, ni les Progressistes, ni les Républicains n'y font exception, en aucun temps, en aucun pays du monde. Ce fait s'appuie sur le témoignage unanime de la raison, de l'histoire et de l'expérience.

Qu'est-ce qui intéresse vivement l'homme, qui le pousse, qui l'excite à mettre ses facultés en action? Le désir d'être heureux et celui de faire le bonheur des objets de son affection. En cela entrent la satisfaction des besoins de la vie, l'occupation dans la société d'une position convenable, suivant les idées, les goûts, l'ambition ou les caprices de l'individu; et, lorsque la vue s'étend au delà de la terre, en entrant dans l'ordre moral et religieux, le désir de remplir ses devoirs, d'exercer les pratiques de son culte, de ne pas voir mépriser les objets de sa vénération. Telles sont les choses qui inspirent à l'homme un vif intérêt, parce qu'elles affectent continuellement ce qu'il y a de plus intime dans son cœur; parce qu'elles sont liées à toutes les périodes, à tous les momens de son existence; parce qu'elles sont en contact perpétuel avec ses idées, avec ses désirs, avec ses nécessités.

Rien de cela n'arrive avec la politique : l'électeur vote une fois l'an, et parfois tous les deux ou trois ans, si toutefois il ne se laisse pas entraîner par le courant général, en s'abandonnant au bon plaisir de ceux qui aiment à le diriger; mais il vit constamment avec sa famille, il vit au sein de ses affaires domestiques, il vit avec ses occupations ordinaires, il vit avec sa position sociale, il vit avec sa religion. Contrariez-le à ce sujet, au nom d'une forme politique quelconque, et cette forme sera mauvaise pour lui; favorisez-le, et la forme politique sera bonne pour lui. Laissez-le dans le même état, sous diverses formes, et ces formes seront indifférentes pour lui.

C'est ainsi que, de tout temps et dans tous les pays du monde, sous toutes les formes politiques, et n'importe à quel degré de l'échelle sociale se soient trouvés les peuples, il est une mesure qui a toujours été féconde en mécontentement, en haine pour l'autorité, et souvent en insurrections sanglantes, nous voulons parler de l'augmentation de l'impôt. Et pourquoi? Parce que l'homme ne peut pas non plus s'occuper, comme on le voudrait, des formes qui prévalent et des hommes qui commandent. Mais quand on en vient à lui demander une partie de ce qui lui sert à satisfaire ses nécessités et ses goûts, il ne lui est pas possible de rester indifférent; il ne lui est pas possible de ne pas remarquer la différence qu'il y a entre le nouveau et le passé; de la sentir si elle lui porte préjudice, de s'en plaindre et de s'y opposer autant qu'il est en lui. Il est une autre cause qui ne passe jamais sur les peuples sans laisser des traces de sang ; c'est le changement de religion. Et pourquoi ? Parce qu'il devient alors nécessaire de mépriser ce que l'on vénérait, et de vénérer ce que l'on détestait ou que l'on ne connaissait pas ; parce qu'il devient nécessaire de regarder comme salutaire ce que l'on croyait préjudiciable, et comme préjudiciable ce que l'on croyait salutaire ; parce qu'il est nécessaire de se résigner à des changemens dans ce qu'il y a de plus intime dans la vie, à bouleverser le système des relations de cette vie avec l'autre, de l'homme avec Dieu.

Qu'importe à l'homme un droit politique si ce droit le ruine ? Que lui importe la plus grande extension des prérogatives d'un monarque, si celui-ci en abuse pour l'opprimer, pour porter atteinte à ses intérêts et contrarier ses habitudes ? La liberté est pour lui un mauvais présent, lorsqu'il voit par les cotes des contributions qu'elle lui coûte cher, ou s'il se sent troublé dans sa tranquillité domestique par le bruit continuel des émeutes patriotiques ; au contraire, si l'absolutisme l'appauvrit, le vexe ou l'offense, le pouvoir et la splendeur même d'un trône ne seraient pour lui que l'éclat sinistre, que la force redoutable d'une divinité malfaisante. Lorsque les libéraux étaient emprisonnés et battus en 1823, vous leur eussiez en vain parlé de la bonté paternelle du souverain et des douceurs de son sceptre ; il était inutile, en 1834, de vanter le bonheur d'un régime de liberté aux Royalistes emprisonnés et battus ; on inspirerait difficilement de l'enthousiasme pour le triomphe du progrès aux Modérés destitués et exilés en 1840 ; et nous ne croyons pas que les Progressistes, qui ont eu aussi leur tour, soient non plus disposés à se prendre de passion pour l'alliance de l'ordre avec la liberté et le système parlementaire, tels que les ont entendus Gonzalez Bravo et Narvaez.

En Irlande, les protestans penchent pour l'aristocratie, parce qu'elle est leur élément vital, et les catholiques pour la démocratie, par la raison contraire ; en France, les *libéraux* combattent la *liberté* de l'enseignement parce qu'ils craignent d'elle la perte de leurs systèmes et le progrès de la religion ; et le clergé et ses amis, et les partisans de la branche tombée, proclament cette liberté, parce qu'ils comptent sur elle pour le triomphe des idées religieuses. En Espagne, les hommes religieux ont été généralement très monarchiques, parce qu'ils ont cru voir dans la monarchie un appui de la religion ; que s'il n'en eût pas été ainsi, si au lieu d'une liberté voltairienne nous avions eu un monarque ayant les idées d'Henri VIII, de Frédéric ou de l'empereur Joseph, l'élément religieux se serait naturellement combiné avec l'élément libéral, donnant l'exemple d'un phénomène plus ou moins analogue à celui de la Belgique et de l'Irlande.

Pourquoi Napoléon a-t-il été et est-il encore l'idole de ceux qui, en Europe, se sont le plus vantés d'être libéraux ? parce que sous la forme politique la plus dure, le despotisme militaire, ils voyaient les conquêtes de la révolution assurées et triomphantes.

Jamais aucune école, aucun parti, aucun peuple ne sacrifie les systèmes sociaux aux systèmes politiques ; dès l'instant où il les voit en contradiction, il se décide pour le salut des premiers. S'ils sont unis avec beaucoup de force dans son esprit ou dans les faits, il cherche avant tout à fausser les derniers ; si cela ne suffit pas, il enfreint ce qu'ils prescrivent ; et si cela ne suffit pas encore, il les abandonne, il les abjure.

Telle est l'histoire des partis dans toutes les révolutions , et telle est la raison pour laquelle le parti libéral en Espagne, y compris les diverses nuances, n'a jamais pu inaugurer la liberté. Ses idées sociales étaient en opposition avec la majorité nationale; et , pour les réaliser, il n'a jamais pu la laisser libre, il s'est vu forcé de l'opprimer. C'est pour cela que les urnes électorales ont toujours donné ce qu'a voulu le parti dominant : Modérés seuls, Progressistes seuls, combinaisons en proportions différentes, selon que l'un ou l'autre parti dominait plus ou moins exclusivement; mais jamais de Monarchiques seuls, ni en majorité, ni même en minorité un peu considérable. Que signifie ce fait? Que la liberté a un non-sens, et que l'élection populaire a été représentée par tout, excepté par le peuple.

Ainsi les partis libéraux, tels qu'ils ont été constitués jusqu'ici et tels qu'ils le sont encore aujourd'hui , se voient condamnés à employer une forme de gouvernement qu'ils sont forcés de fausser ; la faute en est plus aux choses qu'aux hommes. Et , en vérité, ce serait exiger beaucoup qu'un parti se suicidât ; et chacun d'eux se suiciderait le jour où il laisserait les peuples en complète liberté. Voyez le parti progressiste seul aux cortès durant la domination d'Espartero; voyez aussi le parti modéré seul pendant le commandement de Narvaez; voyez ce gouvernement qui réforme la constitution pour se défendre des Progressistes, et qui a craint de publier la constitution réformée, de faire la loi électorale et de dissoudre les cortès , redoutant l'ascendant des partis qui le combattent.

C'est à ces causes que le gouvernement représentatif, tel qu'on l'a vu en Espagne jusqu'ici , doit d'avoir peu d'enthousiastes; et ceux-mêmes qui sont le plus convaincus de la nécessité de le conserver, désirent qu'il soit désormais tout autre chose que ce qu'il a été jusqu'ici.

Ceux qui ont travaillé à implanter et à acclimater en Espagne les innovations politiques, doivent avouer, si douloureux que soit pour eux cet aveu, que les formes représentatives ont été une déception : respectivement aux temps antérieurs, personne n'en doute ; en ce qui concerne le présent , nous rappelons à nos lecteurs le remarquable article du *Tiempo* sur les trois influences. Nous ferons abstraction des observations dont ce journal accompagne le fait qu'il consigne; mais il n'est aucun doute qu'il en résulte cette vérité incontestable , qu'il y a eu de tout, à l'exception du gouvernement proprement parlementaire. Comment donc veut-on que les institutions s'accréditent et s'enracinent? Comment veut-on empêcher que les peuples ne voient clair à travers les ténèbres dont on prétend obscurcir l'atmosphère politique ? Tous les hommes penseurs et sincères se convainquent que cela ne peut continuer ainsi; qu'il faut prendre une autre route; qu'il est nécessaire d'élargir la base du gouvernement en lui donnant de nouveaux points d'appui dans les idées et les coutumes de l'immense majorité nationale. Si le gouvernement doit être représentatif, au moins qu'il ne soit pas le monopole de quelques uns qui s'en servent tour à tour pour disposer à leur profit personnel des destins de la nation.

C'est une erreur de croire que le fils de don Carlos, s'il arrivait à rentrer en Espagne, aurait intérêt au rétablissement du gouvernement absolu, et qu'il y serait poussé par les conseils de ses dévoués. La nécessité de cortès vraiment dignes de ce nom est généralement reconnue; et les partisans du fils de don Carlos n'auraient aucun intérêt à contrarier cette nécessité. Quand ils seraient hors du pouvoir ou s'ils n'y avaient pas toute la part qu'ils désireraient, leur intérêt exigerait que les moyens d'opposition fournis par les nouvelles formes, et dont on manque totalement avec les formes absolues, ne leur manquassent point; et, quand ils arriveraient au commandement et qu'ils auraient besoin de rencontrer la majorité aux cortès, il est bien certain qu'ils auraient plus de probabilité de l'obtenir qu'aucun des autres partis.

Le parti monarchique de 1845 est déjà très éloigné du parti monarchique de 1823; un quart de siècle ne passe pas en vain sur les partis; l'expérience de dix ans de commandement ne passe pas en vain; sept ans de guerre ne passent pas en vain; et surtout treize ans de calamités ne passent pas en vain. Les Monarchiques ont eu le temps d'apprendre que l'on ne fait pas tout avec les armes, que l'esprit du siècle exige que l'on cherche à triompher par la lutte des idées. Ce terrain offre aux hommes monarchiques et religieux un vaste champ où ils peuvent déployer leur activité et leur énergie. En Espagne, l'élément monarchique-religieux a encore beaucoup de vie; il n'y a qu'à l'agiter pacifiquement, qu'à le développer et à le rendre ainsi capable d'entrer avantageusement dans le mouvement politique.

En 1823 et en 1832, le parti monarchique voyait dans le gouvernement du roi absolu l'unique moyen de conserver l'antique organisation sociale; en 1845, il sait que cette organisation a disparu et qu'il n'est pas possible à l'homme de la restaurer telle qu'elle était à la mort de Ferdinand; en 1845, il sait qu'il ne peut aspirer à ce but, mais uniquement à consolider le pouvoir royal, à soutenir et à entretenir l'élément religieux de manière à ce qu'il satisfasse aux nécessités antiques et modernes de la société espagnole. Le XIXe siècle n'est pas le XVIe siècle; l'Espagne, après une révolution de treize ans, n'est pas l'Espagne du temps du roi; la politique que l'on aurait à suivre aujourd'hui n'est pas la politique de 1823. Les Monarchiques le savent; et ils le savent, non seulement par la réflexion, mais encore par l'effet de cette influence que le souffle du siècle exerce sur les hommes de tous les partis. Que l'on en voie la preuve dans la manière dont se sont exprimés les Monarchiques qui ont figuré à la tribune dans les derniers temps, manière bien différente de celle qu'auraient employée ceux d'autres époques; que l'on voie l'immense différence qu'il y a entre la presse d'à présent et la presse de 1814 et de 1823.

Ces faits sont plutôt sociaux que politiques; ils ne dépendent point de telle ou telle loi, de telle ou telle institution, ils sont enracinés dans les idées et dans les mœurs, c'est pourquoi on ne les détruit pas avec un décret; et le fils de don Carlos ne voudrait ni ne pourrait les détruire. En outre, la révolution sociale accomplie, l'arrangement pris avec le Saint-Siége, et les bases sur lesquelles devrait être assise la nouvelle organisation, une fois fixées, les faits politiques n'auraient plus maintenant la même importance qu'auparavant; ils n'offriraient pas cet acharnement avec lequel nous les avons vus produire jusqu'ici, et l'action des pouvoirs suivrait la direction de l'opinion publique, en s'écartant du terrain de la politique, et en marchant à la recherche de moyens pour améliorer l'état intellectuel, moral et matériel des peuples. La question religieuse et la question dynastique, ces deux germes de discorde et d'irritation, ayant disparu, la politique se trouverait privée d'une grande partie de l'aliment qui a entretenu ses fureurs ; et si l'on n'évitait pas toute espèce de démêlés, parce que cela est impossible entre hommes, au moins on parviendrait à les discuter et à les résoudre par des moyens pacifiques et légaux.

La surabondance de force que le pouvoir royal tirerait de la fusion des prétentions dynastiques, loin d'être un élément de tyrannie, serait un élément de douceur, car les gouvernemens tyranniques ne sont pas ceux qui sont forts, mais ceux qui sont faibles. Lorsque le pouvoir est sans vigueur, lorsqu'il sait que la base sur laquelle il s'appuie est étroite et glissante, lorsqu'il se voit entouré d'ennemis qui épient le moment opportun pour le renverser, lorsqu'il voit devant lui un autre pouvoir tombé prêt à le remplacer, alors il est craintif, méfiant, soupçonneux ; alors il s'humilie indignement devant ceux qui lui tendent la main pour le soutenir, il contemple d'un air sombre et troublé tous ceux qui ne protestent pas sans cesse de leur adhésion et de leur fidélité ; il fait de l'or un moyen de corruption et un trafic des emplois publics ; il déploie sur une vaste échelle un honteux système d'espionnage, et lorsque cela ne lui suffit pas, il proscrit, il incarcère, il tue.

Telle est l'histoire de tous les temps et de tous les pays ; les pouvoirs qui ont craint pour leur existence ont été corrupteurs et tyranniques ; ceux qui n'ont eu rien à craindre, ont économisé la force qui abondait en eux, ou plutôt ils l'ont employée au profit des peuples en les gouvernant avec justice et douceur.

Vous en avez un exemple bien récent dans notre pays. Lorsqu'après la réaction de 1823 le roi se fût convaincu que son pouvoir était assuré, il pencha naturellement pour un système d'aménité qui satisfaisait les constitutionnels durant les dernières années ; et l'on n'avait recours aux mesures rigoureuses que lorsque les conspirations et les invasions d'émigrés faisaient croire au gouvernement que de nouveaux périls le menaçaient.

Comment voulez-vous qu'un gouvernement qui se voit sans cesse en danger de tomber sous la main de ses ennemis soit doux et agréable ? Et comment celui qui n'a point d'adversaire sera-t-il violent ? Tout gouvernement a l'instinct de sa propre conservation ; celle-ci exige qu'il ne se fasse pas de nouveaux ennemis ; le gouvernement donc qui se trouve dans une situation forte et exempte d'embarras, tend de lui-même à se concilier les esprits. Si cela est vrai en tout temps, que sera-ce au XIXe siècle où la douceur des mœurs a pris tant de développement, où les moyens de pure force tombent chaque jour dans un plus grand discrédit ?

Le fils de don Carlos ne pencherait donc pas, comme quelques uns le craignent, pour les systèmes exclusifs et violens ; il n'en aurait pas besoin, et par là même il ne voudrait pas y recourir. Craindrait-il par hasard que les cortès insultassent sa personne, elles qui auraient révoqué sa proscription ? Se sentirait-il humilié, étant maintenant le mari d'Isabelle? Craindrait-il de voir ses dévoués dans l'abandon, lorsqu'il aurait tant de moyens de les faire entrer au cortès? Craindrait-il la ruine de l'antique organisation, quand déjà celle-ci n'existe plus? Craindrait-il l'envahissement du pouvoir royal par les cortès, lorsque ce pouvoir serait beaucoup plus fort, lorsqu'il n'existe point de milice nationale, lorsque le jury n'existe déjà plus dans la constitution réformée par les parlementaires eux-mêmes, lorsqu'une grande partie du pouvoir des municipalités a été transmise au gouvernement, quand il y a outre l'armée, la police et la garde civile? Eh ! n'a-t-on pas vu dans ces derniers temps et ne voyons-nous pas encore ce que peut un gouvernement cimenté sur une base très étroite, personnifié dans un militaire, et combattu par des adversaires nombreux? N'avons-nous pas vu ce qu'est la révolution, ce que sont les cortès elles-mêmes en sa présence? Il a proposé la réforme de la constitution : la constitution a été réformée ; il a demandé des autorisations : on les lui a accordées; il a voulu s'écarter en divers points de la constitution : personne ne s'y est opposé; et si, après avoir obtenu la réforme et les autorisations demandées avec tant d'instances, il n'a pas cru convenable d'en faire usage, il ne l'a pas fait.

Cette expérience, jointe à ce qui s'est passé du temps de Gonzalez Bravo, prouve évidemment que le gouvernement en Espagne peut tout ce qu'il veut; que rien ne résiste au nom du trône ; elle montre aussi, et par là même, que si un gouvernement se constituait en Espagne après la solution des questions religieuses et de la question dynastique, ce gouvernement ne devrait pas craindre la présense des cortès pour la formation de quelques lois et le vote des impôts. L'esprit public, qui s'est réveillé à force de disgrâces, seconderait l'action du gouvernement, loin de la contrarier : l'institution des cortès ne servirait point à affaiblir le pouvoir royal, mais à le fortifier.

C'est une erreur de croire que la majorité du parti carliste se lancerait dans cette voie de violences que l'on semble tant redouter : si, durant la guerre, il se forma dans le camp même de don Carlos un parti nombreux qui désirait la transaction, bien qu'il ne voulût pas ce qui se fit à Vergara ; si, comme on l'assure, les hommes les plus distingués dans la guerre comme dans le conseil, figuraient dans ce parti transactioniste qui désirait le mariage et le rétablissement des cortès, serait-il possible qu'après de longues années durant lesquelles l'expérience est venue confirmer leurs prévisions, durant lesquelles les faits ont démontré combien pensaient juste ceux qui croyaient qu'on ne pouvait pas tout exiger, et qu'en exigeant tout on n'obtiendrait rien, serait-il possible, disons-nous, qu'ils s'opiniâtrassent dans les prétentions exagérées que quelques uns s'obstinent à leur attribuer ?

Les profondes modifications qu'a souffertes le parti libéral, nous indiquent celles que le parti carliste aura éprouvées. Jetons les yeux sur les années 1833 et 1834, et même plus en arrière; rappelons-nous ce que pensaient, ce que disaient, ce que faisaient un grand nombre de ceux qui figurent maintenant dans le parti modéré. Leurs illusions se sont dissipées; ces théories si sublimes leur semblent maintenant des rêves d'homme en délire ; ces espérances si flatteuses se sont changées en un désenchantement amer, sinon en dégoût, en abattement, avec le désespoir d'obtenir quoi que ce soit de bon par le chemin qu'ils regardaient auparavant comme le seul qui pût conduire la nation à la prospérité. S'il en a été ainsi pour ceux qui ont triomphé, pourquoi n'en aura-t-il pas été de même pour ceux qui sont tombés? Et si cela n'est pas, comment se fait-il que parmi ceux-mêmes qui ont défendu don Carlos les armes à la main, on ne pense plus qu'à une réconciliation, et non au triomphe du même prince pour lequel ils ont répandu leur sang? Quelqu'un d'entre eux se propose-t-il ce qu'il tentait en 1836 ? Ne découvre-t-on pas, dans tous les moyens qui se présentent pour faire connaître leur opinion, cette tendance à une réconciliation générale, à réparer autant que possible, à faire disparaître cette ligne qui sépare les Espagnols des Espagnols, les frères de leurs frères ?

Que l'on dise ce que l'on voudra, nous le répéterons encore, les années ne passent pas en vain, tant de souffrances ne passent pas en vain; tout s'adoucit et se modifie sous l'action de causes si puissantes. Pour peu que nous regardions, nous ne voyons nulle part ces élémens de la réaction redoutable contre laquelle on crie si fort. Un seul point était capable d'y prêter; et nous avons indiqué le remède dans l'article précédent. Que l'on détruise cet élément d'irritation en ce qu'il a d'opposé aux intérêts créés et aux sentimens religieux de la majorité de la nation, et tout le reste ne présente pas les difficultés que l'on se plaît tant à grossir.

Le prince ne nourrirait pas les désirs de réaction politique que quelques uns redoutent, en considérant que, pour avoir autour du trône des cortès au sein desquelles il vît beaucoup de ses partisans il lui suffirait de chercher à ce que la représentation nationale fût une vérité. Tous ceux qui connaissent l'état de l'opinion publique, seront convaincus de l'exactitude de cette observation. C'est une illusion de croire que le prince aurait un intérêt particulier à ce que l'on ne convoquât point les cortès, dans la crainte de se voir combattu ou dédaigné par elles ; si, dans les cortès actuelles, quoique formées sous les influences que nous connaissons tous, si l'on a traité la famille de don Carlos avec tant de considération, au sénat comme au congrès, à de rares exceptions près, qu'arriverait-il après la réalisation du mariage et quand auraient disparu de ces platitudes avec lesquelles on a représenté la famille de don Carlos comme une race de monstres. Nous le répétons, loin peut-être de convenir au prince nouveau-venu que les cortès ne se réunissent point, il pourrait avoir un grand intérêt à leur réunion, car ce moyen servirait à faire voir à l'Espagne et à l'Europe combien grand est le nombre de ceux qui sont dévoués à sa cause.

Laissez le gouvernement faible ; cherchez à la reine un mari qui n'attire pas tous les Espagnols autour du trône; constituez ainsi un pouvoir qui ait à lutter, par une nécessité inévitable, contre des partis nombreux; dédaignez ceux qui désirent une réconciliation; enlevez-leur toute espérance, et alors vous verrez ce qui résultera en faveur de cette même liberté pour laquelle vous montrez un si grand enthousiasme.

Savez-vous ce qui résultera? Le voici. Combattu par des adversaires puissans, d'un côté par la révolution, de l'autre par les Monarchiques, le gouvernement se verra continuellement entouré de dangers; tous ceux qui s'éloigneront de lui lui inspireront de la défiance ; et vivant sans cesse dans l'agitation et l'inquiétude, il penchera par nécessité vers la tyrannie. Ne pas asseoir le pouvoir sur une base solide est un mauvais système pour assurer la liberté ; c'est pourquoi la liberté n'a été jusqu'ici qu'un mensonge, lorsqu'elle n'a pas été un sarcasme dirigé par les oppresseurs contre les opprimés. Si vous ne guérissez pas le mal dans sa racine, ce qui a eu lieu les années précédentes aura lieu à l'avenir : les mêmes causes produisent les mêmes effets. Des émeutes au despotisme militaire, du despotisme militaire aux émeutes, tel est le sort des nations où le pouvoir est mal assis. Si vous n'avez pas crainte de préparer à la nation un si triste avenir, les infortunes tomberont sur elle ; mais sur vous tombera une responsabilité terrible.

Si le prince que vous amènerez au côté du trône est faible ; si, avec un caractère timide et un esprit pacifique, il n'est pas apte à prendre part aux affaires publiques et à contenir les factions avec l'épée, alors pensez continuellement au militaire qui devra remplir le vide ; mais alors n'accusez ni celui-ci, ni celui-là, car lorsque l'un tombera, celui qui le remplacera suivra une conduite semblable. Qu'il s'appelle Narvaez ou non, aussitôt que vous lui aurez confié le commandement, il se verra forcé de se défendre ; et la défense en pareils cas ne se fait ni avec le papier ni avec des discours, mais avec l'épée. Lorsque vous parlerez avec rudesse dans les chambres, il parlera avec plus de rudesse que vous ; vous pourrez vous venger par quelque article de journal, mais il suivra son chemin, comprenant que la situation est une situation de force, et que ce n'est pas vous qui avez la force, mais lui.

Si, au contraire, le prince est un homme d'un entendement éclairé et d'un cœur courageux ; si son caractère est trop altier pour se soumettre à la volonté d'un sujet de sa royale épouse ; s'il a l'esprit assez hardi pour braver la colère d'un militaire et les menaces des partis ; s'il sait prendre de l'ascendant sur les soldats, en se faisant de droit ou de fait le chef des armées, alors son inclination naturelle, très naturelle, en se voyant à la tête d'un gouvernement attaqué en sens si contraires, sera l'absolutisme ; car il ne verra que dans l'absolutisme l'espoir d'imposer silence aux mécontens et d'en finir avec les séditieux ; car il ne verra que dans l'absolutisme l'espoir d'empêcher d'un côté que l'élément révolutionnaire ne se développe, et, de l'autre, qu'un parti nombreux n'acquierre de l'importance ; parti qui ne pourrait moins que le regarder, sinon avec haine, du moins avec déplaisir, en voyant en lui un éternel souvenir de l'exclusion et de la proscription du principe auquel il s'intéresse.

Il pourrait fort bien arriver alors, qu'on vît l'accomplissement de certaines paroles prononcées dans le congrès par M. Pegna y Aguayo, et qui passèrent à peu près inaperçues, quoiqu'elles continssent une grande vérité. « Mais n'y » a-t-il que le fils de don Carlos *seul* qui puisse mettre les institutions en péril ? N'y a-t-il pas d'autres princes qui puissent faire courir à nos institutions » un danger *plus grand* encore ? Enfin, le fils de don Carlos pourrait offrir » quelques avantages, mais *les autres aucun*. » (M. Pegna y Aguayo, séance du 28 novembre 1844.)

ARTICLE HUITIÈME.

Nous allons examiner le danger de la réaction quant aux personnes. Quelques uns craignent que le fils de don Carlos, acquérant de l'influence dans le gouvernement, ne montre de l'animosité contre ceux qui ont défendu le trône d'Isabelle; mais ceux qui pensent ainsi sont victimes d'une illusion qu'ils ont conçue durant la guerre et qu'ils appliquent à des circonstances tout-à-fait différentes. Si don Carlos était entré à Madrid en 1837, il y aurait eu réaction contre les personnes; cela était inévitable, parce que c'était dans la force même des choses. Mais sont-ce là les circonstances du mariage? Non certainement : alors don Carlos triomphait et le trône d'Isabelle succombait. Maintenant Isabelle s'unirait avec le fils de don Carlos: d'un côté, la fille de Ferdinand resterait assise sur le trône, et de l'autre, l'alliance de la famille royale anéantirait toutes les questions et toutes les prétentions dynastiques. Alors le triomphe se devait à la force ; maintenant, le fils de don Carlos devrait, non le triomphe, mais les avantages, à des négociations pacifiques, à des moyens légaux, à l'influence de l'opinion publique, au désir d'une réconciliation générale, à la disparition de nombreuses préoccupations, à l'extinction des vieilles haines. Alors don Carlos se trouvait seul au milieu de ses soutiens qui pouvaient lui dire : « Nous avons conquis pour toi le trône au prix de notre sang; tu ne peux manquer d'avoir des égards pour nous et de te prêter à ce que nous demandons. » Maintenant, le fils de don Carlos se trouverait au côté de son auguste cousine qui occupe le trône depuis long-temps déjà, et au milieu d'une nation composée d'hommes de divers partis, dont la conduite conciliatrice, dans la question du mariage, lui indiquerait le système également conciliateur qu'il conviendrait de suivre désormais.

Qui ne voit l'immense différence qu'il y a entre une situation et l'autre? Ce n'est pas le père, mais le fils; on ne détruit pas le trône d'Isabelle, on l'affermit, on le consolide par une alliance; ce n'est pas un triomphe de guerre, mais de paix; ce n'est pas une victoire, c'est un embrassement; ce n'est pas un parti qui renverse un autre parti, c'est la fusion des partis dans un système national; il n'y a pas compétence des nations étrangères, il y a tout au plus médiation amicale, il y a des conventions de bonne intelligence; et tout cela long-temps après la fin de la guerre civile, quand les haines sont apaisées; quand les dénominations irritantes ne sont plus en usage; quand l'esprit de tolérance et de fraternité s'est généralisé; quand on est profondément convaincu qu'un système de persécutions et de vengeances est nuisible, intolérable et mortel pour ceux qui l'emploient; quand tous les hommes judicieux désirent une réconciliation générale et reconnaissent l'absolue nécessité de cimenter le gouvernement sur une large base, d'avoir un pouvoir accepté par tous, à l'ombre duquel on puisse faire d'honorables transactions sans humilier aucune des parties, sans ébranler l'édifice de l'Etat. Qui ne voit pas la différence, l'immense différence qu'il y a entre ces circonstances et celles d'un triomphe de don Carlos par la voie des armes ? Qui ne voit pas, qui ne sent pas la différence, l'immense différence qu'il y a entre 1835 et 1845 ?

Persécuter !... cela serait inconcevable. L'époux d'Isabelle pourrait persécuter les défenseurs d'Isabelle ? Alors, que serait-ce de la reine ? Voudra-t-on supposer aussi que son mari s'emparerait des rênes du gouvernement par la violence, et qu'il chasserait son épouse du palais royal ou qu'il la forcerait à se consumer dans la retraite ? Ces choses là ne sont pas de ce siècle ; le temps de recourir à ces violences est passé ; nous sommes dans le XIXe siècle ; nous vivons en Europe ; et si l'on ne voulait pas accorder au fils de don Carlos de grands talens, au moins on ne pourra lui nier le sens commun, et le sens commun suffit et au delà pour éviter de telles aberrations ; le sens commun suffit et au delà pour se garder de si grands excès. Il n'est pas de vérité que l'on ne puisse combattre à force de suppositions exagérées et absurdes. Si vous supposez que le fils de don Carlos est un imbécile et qu'il a en outre le cœur perfide et cruel, alors il en résultera tous les inconvéniens que vous voudrez ; mais, en ne lui accordant qu'un esprit ordinaire et un cœur droit, ces inconvéniens ne sont plus que de vains rêves.

Il y a tant de choses qui effraient, annoncées à l'avance, et qui, réalisées, ne sont rien !..... Celui qui aurait dit, en 1837, que l'on pouvait introduire dans l'armée de la reine un très grand nombre des chefs des rangs carlistes, que l'on pouvait confier à quelques uns de leurs généraux des postes très importans dans le civil et dans le militaire, celui-là aurait été regardé comme un insensé. Quelle horreur ! se serait-on écrié. Comment cela est-il possible ! Une tête bien organisée peut-elle s'abandonner à un tel délire ! et cependant nous sommes témoins que cela a lieu ; et les pusillanimes ont pu se convaincre que ces dénominations de *bandits*, de *cabecillas* (petites têtes), de *factieux*, de *hordes*, de *cannibales*, de *tigres*, de *monstres altérés de sang humain*, étaient excellentes pour faire peur aux enfans et aux sots ; mais que, malgré tout, les Carlistes étaient des hommes comme les autres, et nullement indignes de figurer d'une manière honorable dans la société. Ce qui a eu lieu avec tous ceux qui ont adhéré au convenio, aurait lieu avec le mariage et toutes ses conséquences. Les premiers momens de froideur passés, les uns et les autres se riraient de leurs vaines craintes.

Le grand nombre de ceux qui ont adhéré au convenio de Vergara, simplifie singulièrement la question du mariage au point de vue de la solde. Les réclamations pour être réhabilité seraient moins nombreuses, puisque beaucoup le sont déjà ; et, certes, l'accroissement de dépenses causé par le retour de ceux-ci serait abondamment compensé par les avantages. La dépense seule occasionnée par les marches des troupes pour étouffer une insurrection ou la prévenir, s'élève bien au dessus du montant de ces soldes ; et que sera-ce si nous prenons garde au gaspillage de fonds causé par un seul de ces pronunciamientos que nous subissons tous les ans ? Une grande et prévoyante mesure qui affermirait solidement le gouvernement, outre qu'elle serait politique, ne serait-elle pas largement économique ? Que sont quelques *cesantes* de plus dans cet abîme de *cesantias* que creusent sans cesse les vicissitudes des partis ? Que sont quelques grades dans cette profusion avec laquelle on prodigue les grades à chaque pronunciamiento, dans chaque crise, dans chaque danger, à chaque triomphe d'une coterie ?

L'une des causes les plus puissantes du déficit chaque jour croissant qui travaille nos finances et qui menace de nous conduire tôt ou tard à une banqueroute, c'est d'avoir une armée plus grande que nos ressources ne nous le permettent, sans que l'exigent non plus nos besoins quant à l'extérieur. L'Espagne, depuis que les frontières sont réduites aux Pyrénées et qu'elle ne possède d'Etats en aucun autre pays du continent, doit garder une position neutre au milieu de toutes les complications qui peuvent survenir en Europe. Et si un jour l'Espagne doit aspirer à reconquérir le rang qu'elle a perdu entre les puissances de premier ordre, sa position péninsulaire et la muraille des Pyrénées annoncent que sa force principale ne doit pas être terrestre, mais maritime ; les souvenirs que l'on doit évoquer ne sont pas ceux de Pavie et de Saint-Quentin, mais ceux de Lépante.

Sans doute nous avons besoin d'une armée ; mais pas, à beaucoup près, aussi forte que celle que nous avons maintenant ; et par là même il faut chercher les moyens de la réduire aux proportions de nos ressources. Et pourquoi conserve-t-on une armée si nombreuse, bien que cinq années se soient écoulées depuis la fin de la guerre ? Est-ce, par hasard, pour tenir tête à quelque puissance qui nous menace ? Quelle est-elle ? Et si elle nous menaçait et qu'on eût l'espoir de lui tenir tête, notre armée, bien que trop nombreuse pour l'Espagne, serait-elle en proportion avec les armées ennemies ? Si, depuis la fin de la guerre, l'on n'a pas mis l'armée espagnole sur le pied exigé par l'état de paix, c'est parce que le gouvernement en a besoin ; c'est à dire que les esprits sont inquiets et troublés : car de grands problèmes sont pendans, car l'avenir est incertain et hasardeux ; c'est parce que le gouvernement sait par des expériences trop répétées, qu'il a besoin de l'appui des baïonnettes pour maintenir l'ordre public.

Et qu'en résulte-t-il ? Une charge pour la nation et un préjudice pour l'armée elle-même ; pour la nation, parce qu'elle est forcée de payer plus qu'elle ne peut ; pour l'armée, parce que le service actif absorbant la plus grande partie des ressources, la classe non active est trop négligée ; pour la nation, car elle se voit forcée d'ajouter aux contributions d'argent des contributions de sang ; pour l'armée, car, enveloppée trop souvent dans les dissensions et les luttes de partis, elle subit aussi dans son personnel les vicissitudes, compagnes des bouleversemens politiques. On a vu aussi dans l'armée des avancemens et des chûtes, des promotions et des destitutions, qui, au milieu de la confusion où ils ont lieu, ne peuvent manquer d'entraîner avec eux la partialité et l'injustice.

Que l'on élargisse les bases sur lesquelles s'assied ce gouvernement, que l'on fasse disparaître les motifs de nouvelles discordes, que l'on attire tous les partis autour du trône, et alors l'action du pouvoir sera forte, non par les armes, mais par la loi ; alors ces armes n'auront pas besoin d'être si nombreuses, parce qu'elles seront uniquement consacrées à veiller pour l'indé-

pendance et l'honneur national, et non à être en garde contre les révoltes sus-
citées par les discordes civiles.

Et que l'on remarque un fait qui mérite de n'être pas mis en oubli. Depuis
quelque temps, les militaires ont été chargés d'empêcher les luttes politiques;
mais, en revanche, les victimes immolées à la colère des vainqueurs ont été
prises parmi eux. En 1841, on commença à fusiller des généraux illustres;
d'autres furent privés de leurs honneurs, de leurs grades et de leurs décorations : nous sommes en 1845, et la chaîne des infortunes n'est pas encore
rompue pour les militaires. Que l'on se rappelle des décrets récens destituant
les uns, et le sang des autres qui fume encore. Un avancement moins rapide,
mais plus sûr, ne vaudrait-il pas mieux? Ne vaudrait-il pas mieux que le brave
qui a versé son sang dans cent combats, ne courût pas le risque de périr sur
un échafaud? Toutes les classes de l'Etat ont intérêt à ce que nous entrions à
tout jamais dans un ordre de choses stable et solide, et l'armée doit être comp-
tée au nombre de ces classes. Il est vrai que, pendant les troubles, l'armée a
ses jours d'adulation intéressée, d'éloges exagérés, de récompenses démesu-
rées; mais, en dernier résultat, la continuation des bouleversemens nuit à
beaucoup de ses membres et à l'institution elle-même. La révolution fait payer
cher ses dons à ceux qu'elle favorise : les comptes s'ouvrent avec une généro-
sité prodigue ; ils se liquident avec une usure intolérable.

L'esprit exclusion qui a dominé les partis a dû flatter les employés respectifs,
cela était naturel. Le calcul suivant est bien simple : « Plus il y aura d'exclus,
moins j'aurai de rivaux. » Nous le répétons, ce calcul est simple, mais il n'est
pas exact; en voici un autre qui le détruit : « Plus il y aura d'exclusions, plus
je suis en danger d'en être victime. » Si l'on comptait le temps que les employés respectifs ont été sans fonctions, on verrait qu'il y a compensation avec
celui durant lequel ils jouirent d'une prédilection exclusive.

Mais si cette tendance, qui règne depuis quelques années, ne convient
pas aux employés mêmes, il convient moins encore à la nation, qui se voit
privée des lumières de beaucoup d'hommes très utiles, condamnés ou à ne
pouvoir jamais la servir, ou à ne pouvoir le faire que lorsqu'arrive l'époque
du parti auquel ils appartiennent. C'est là un mal grave, très grave, qui rend
impossible un bon gouvernement, et auquel on ne remédiera qu'avec un pouvoir fort qui n'ait pas besoin de flatter tel ou tel parti.

Qui peut nier qu'il y ait dans tous les partis des hommes très utiles? Ni les
Monarchiques, ni les Modérés, ni les Progressistes n'oseront s'attribuer
exclusivement les connaissances nécessaires pour servir utilement l'Etat
dans les différentes carrières du service public? Est-il quelqu'un qui ose
soutenir qu'il n'y avait pas, sous l'ancien régime, d'hommes distingués par
leur savoir et par leur expérience dans les affaires, et qui gémissent maintenant dans la misère en récompense des grands services qu'ils ont rendus à
l'Etat? Est-il aussi quelqu'un qui nie qu'il y ait eu, sous le nouveau régime
et dans les diverses fractions du parti libéral, des hommes qui ont servi avantageusement en diverses branches? Eh bien! jusqu'à ce qu'il y ait un pouvoir
assez fort, qui puisse se servir de tous sans craindre personne; jusqu'à ce
qu'il y ait un pouvoir qui ne soit point basé sur des principes et des intérêts

exclusifs, comme cela a eu lieu depuis la mort du roi, la nation ne pourra pas tirer parti d'un grand nombre de ces hommes; et lors même que les plus droits et les plus capables seraient maintenant en fonctions, ils ne produiraient pas, tant s'en faut, le bien qu'on pourrait en attendre, si, au lieu de donner leurs soins à l'intérêt public en s'occupant de leur charge, ils n'étaient forcés de penser constamment à soutenir les intérêts politiques de la fraction qui les emploie.

Qu'ont été jusqu'ici les chefs politiques, ou, pour mieux dire, qu'ont-ils pu être? Quels avantages ont-ils pu procurer aux peuples? Comment voulez-vous exiger que celui qui est sans cesse distrait par les intrigues, les élections, les changemens de ministère, les variations politiques, les conspirations, s'occupe d'améliorer le sort des administrés? Cet homme ne peut gouverner; ce qu'il fera consistera à se défendre, en défendant ceux qui le protégent et dont dépend son sort. Il s'apercevra qu'on mine sous ses pieds, il contreminera; si l'anarchie le menace, il se montrera despote; il devrait tenir tête aux envahissemens de l'autorité militaire, mais il se livrera entre ses mains, parce qu'il a besoin d'elle; il ne s'agit point de gouverner, mais de combattre. Et ce qui a eu lieu avec les chefs politiques a eu lieu avec les intendans et avec tous les employés, et continuera d'avoir lieu si l'on n'applique pas le remède à la racine du mal. Le gouvernement doit avoir de la condescendance pour ceux qui lui sont dévoués, parce qu'il a besoin d'eux; le gouvernement ne s'appuie pas sur la nation, mais sur un parti; et tant que cette situation durera, les hommes pourront être changés, mais non la nature des choses. En vain accusera-t-on tel ou tel ministre, tel ou tel employé; la force des circonstances leur prescrit cette conduite; en vain tenteraient-ils de se mettre au dessus d'elles.

Nous allons terminer cet article par une réflexion que nous croyons grave. La mort prématurée d'une personne élevée, laissant un enfant pour successeur, n'est pas hors de l'ordre du possible. Si la question dynastique n'est pas résolue faute de la réalisation du mariage que nous conseillons, l'imagination s'effraie et le cœur s'afflige en pensant aux terribles hasards d'une nouvelle minorité, à la possibilité d'une nouvelle guerre civile, à la répétition de quatorze autres années semblables à celles que nous avons traversées. Ceux mêmes qui ont profité du nouveau régime, n'ont-ils pas un intérêt évident à se mettre en garde contre les éventualités que pourrait amener un événement si funeste? Ce sont là des conjectures, des suppositions, cela est certain; mais il en est tant de ce genre qui se réalisent!

Mais on nous dira: le mariage avec le fils de don Carlos ne donne-t-il pas également lieu à de graves questions, principalement dans le cas de cette mort, s'il n'avait pas de succession? Que faire alors?

Cette difficulté est grave; mais elle n'est pas insoluble; et nous donnerons une preuve de notre loyauté en déclarant qu'il ne serait nullement convenable de la laisser sans solution, et qu'il serait très important, nécessaire de la résoudre d'avance. Comment? Nous ne hasarderons point notre humble opinion sur un point aussi grave et aussi délicat; mais, pour que l'on voie que nous ne voulons rien de secret, et comme, d'un autre côté, la loi de succession à la couronne est intéressée dans cette affaire , nous croyons que la réalisation du mariage devrait être précédée par la résolution de cette question pour toutes les éventualités possibles ; cette résolution devrait être arrêtée dans les cortès, elle devrait faire partie des contrats matrimoniaux, afin qu'il ne manquât pas une condition nécessaire en pareil cas, l'acceptation de l'une des parties contractantes ; elle devrait obtenir en outre , s'il était possible, l'assentiment de la diplomatie européenne pour prévenir toute espèce de difficultés et aplanir tous les obstacles. Rien de secret, tout avec la plus grande publicité ; rien de douteux, tout prévu et fixé d'avance et avec toutes les sanctions possibles. Nous sommes si profondément convaincu de la sagesse de la nation espagnole et de la grandeur des désenchantemens que nous ne craignons pas une semblable discussion ; au contraire, nous en attendrions beaucoup. Elle ferait disparaître pour toujours tous les doutes sur la loi de succession à la couronne; aucun parti ne pourrait rien alléguer contre ce qui se résoudrait; tous y prendraient part et tous accepteraient les modifications qui se feraient. Cela est d'une immense importance pour l'avenir de l'Espagne.

Nous sommes arrivé au terme de l'examen que nous nous étions proposé , et quoique nous ignorions jusqu'à quel point l'esprit des lecteurs aura été frappé des raisons alléguées en faveur de la résolution qui nous semble la plus convenable , nous avons la conviction de les avoir exposées sans partialité, sans expressions irritantes , sans avoir remué des passions bâtardes , et sans avoir éveillé des ressentimens que nous désirons voir éteints pour toujours.

Nous avons passé en revue toutes les répugnances, toutes les susceptibilités, sans rien cacher , sans rien dissimuler. Nos adversaires auront pu trouver les raisons faibles et mal présentées et les difficultés mal résolues ; mais ils avoueront au moins que nous ne les avons point éludées, que non seulement nous ne les avons pas considérées en général, mais que nous avons cherché à indiquer les moyens d'éviter les inconvéniens qui pourraient résulter de l'alliance.

Quoique d'autres semblent penser d'une autre manière , nous avons cru le moment arrivé de porter cette question sur le terrain de la discussion publique. Il ne sert à rien de dire que le temps n'est pas venu de l'exécuter, pourvu que ce soit le temps d'y penser. Cette affaire est si grave et si transcendante qu'on peut bien employer des années entières à y préparer l'opinion du pays. La constitution de l'Etat a été discutée cette année et les années précédentes , dans la presse et à la tribune, avec une latitude illimitée; et M. Roca de Togores dit bien au congrès , dans la séance du 28 novembre 1844 , que la question du mariage de la reine était plus que la constitution même. Dans son discours , ce député fit observer, en parlant des partis , que la déclaration de la majorité de Dona Isabelle II était l'œuvre de leur mutuel concours, et que le mariage de Sa Majesté était leur *commune espérance*. Pourquoi donc ne pas examiner d'avance comme il convient, avec soin et avec respect, quel est l'objet qui pourra le mieux répondre à cette commune espérance ?

Dans des questions si graves et dans des situations telles que celle de l'Espagne, peut-on prendre une résolution sans consulter préalablement l'opinion publique ? Et n'est-ce pas la presse qui doit remuer cette opinion, l'examiner, la sonder , l'exprimer , sinon l'éclairer et la diriger ? Les questions vraiment grandes, comme l'est sans aucun doute la question présente, s'agrandissent encore par la discussion ; car chacun les considérant sous le point de vue qui lui convient, il se manifeste mille relations, mille points de contact et mille conséquences que l'on n'aurait point aperçus sans la diversité des avis.

Si nous avions craint la lumière pour l'opinion qué nous soutenons, nous l'aurions évitée ; au lieu de publicité et de discussion, nous aurions désiré le silence. Nous n'en avons point agi ainsi ; cela prouve du moins la conviction que nous avons que la raison et la politique sont de notre côté.

Vainement ne voudrait-on point penser à la solution de ce grave problème; le problème est là : l'ajourner n'est pas le résoudre ; en détourner les yeux n'est pas en faire disparaître les difficultés, ni en diminuer l'importance.

N'oublions pas que la manière de donner aux affaires une sage direction, et aux difficultés une solution juste et pacifique, c'est de préparer l'opinion des populations dont on doit consulter les intérêts. Les gouvernemens réalisent leurs mesures avec un décret ; mais ils n'en évitent pas les mauvaises conséquences. Malheur à l'Espagne, si l'affaire que nous traitons se résout par une surprise et dans des vues d'intérêt particulier ! Nous espérons que cela n'aura pas lieu. Nous l'avons dit au commencement et nous le répèterons ici : nous concevons très bien que l'opinion que nous avons défendue dans ces articles ait de nombreux adversaires, nous concevons que l'on croie d'autres combinaisons plus convenables ; mais ce que nous ne concevrions point, c'est qu'un ministère, à quelque époque que ce fût, procédât, dans une affaire si importante, par des intrigues ténébreuses, oubliant ce que l'on doit à une nation telle que la nation espagnole. On n'aura point oublié les éloquentes paroles avec lesquelles M. Martinez de la Rosa protestait contre une semblable conduite.

Et est-il vrai que le mariage de la reine avec le fils de don Carlos soit une absurdité à laquelle personne ne pense, une absurdité qui ne mérite pas d'occuper des hommes d'Etat, et qui n'est pas même digne des honneurs de la discussion ? Ce n'est pas ainsi qu'en pense l'Europe; ce n'est pas ainsi qu'en pense l'Espagne. Les débats sur la réforme de la constitution, tant au congrès qu'au sénat en sont une preuve évidente.

Les membres des deux corps législatifs qui ont regardé cette affaire comme très sérieuse et digne d'appeler l'attention des hommes penseurs, ne sont pas carlistes. Une impulsion vers une direction que ne voulurent prendre ni le congrès ni le sénat, était partie des bancs du ministère. Il faut rendre justice aux deux chambres : elles montrèrent beaucoup de prudence en ne voulant juger d'avance la question en aucun sens ; il y eut dans les deux chambres des hommes renommés qui montrèrent qu'ils comprenaient toute l'importance de l'affaire.

« C'est mon opinion, disait M. ÉGAGNA, que les hommes d'État ne doivent » fermer aucune porte à l'avenir, ce qui nous paraît aujourd'hui dangereux » et même funeste, pouvant demain être *convenable* et même NÉCESSAIRE. » (Séance du 30 novembre.)

» Mais n'y a-t-il que le fils de don Carlos seul, disait M. Pegna y Aguayo, » qui puisse mettre les institutions en péril ? N'y a-t-il pas d'autres princes

» qui puissent faire courir à nos institutions un danger plus grand encore ?
» Enfin, le fils de don Carlos pourrait offrir quelques avantages, mais les au-
» tres aucun. » (Séance du 28 novembre.)

M. FERNANDEZ DE LA HOZ disait, dans la séance du 29 du même
mois : « C'est ainsi que nous nous aliénons des volontés, que nous introdui-
» sons partout des craintes et que nous détruisons des espérances. »

» N'oublions pas, Messieurs, qu'il y a en Espagne un parti nombreux qui
» espère ce résultat ; et je dis la vérité. *Savons-nous s'il ne viendra pas un
» jour où les circonstances changeront et changeront d'une manière no-
» table ?* »

» La famille à laquelle il a rapport (le paragraphe 4), disait M. ARRAZOLA
» dans la même séance, est déjà jugée ; elle est hors la constitution. Et pour-
» quoi établir un paragraphe que *d'autres pourraient changer ? car nous ne
» pouvons fixer la roue de la fortune.* Le champ électoral est ouvert, les
» partis s'organisent ; ce qui était hier la minorité sera demain la majo-
» rité. »

» Les questions de prétention, disait M. le marquis de MIRAFLORES
» au sénat, ne se sont terminées habituellement qu'*avec la fusion des
» droits.* »

Après le vote qui eut lieu au sénat au sujet du paragraphe relatif au mariage, un sénateur se leva, et, parlant au nom de ceux qui avaient voté
comme lui, il déclara qu'ils n'avaient entendu juger d'avance aucune question particulière, ni s'opposer à aucune combinaison qui pût être utile au
pays.

Que signifie tout cela ? Que la question que nous traitons n'est pas une
question absurde, mais une question très grave, très sérieuse ; et que beaucoup, qui ne sont pas Carlistes, sont convaincus de cette vérité.

Imprimerie d'Ed. Proux et Cᵉ, rue Neuve-des-Bons-Enfans, 5.

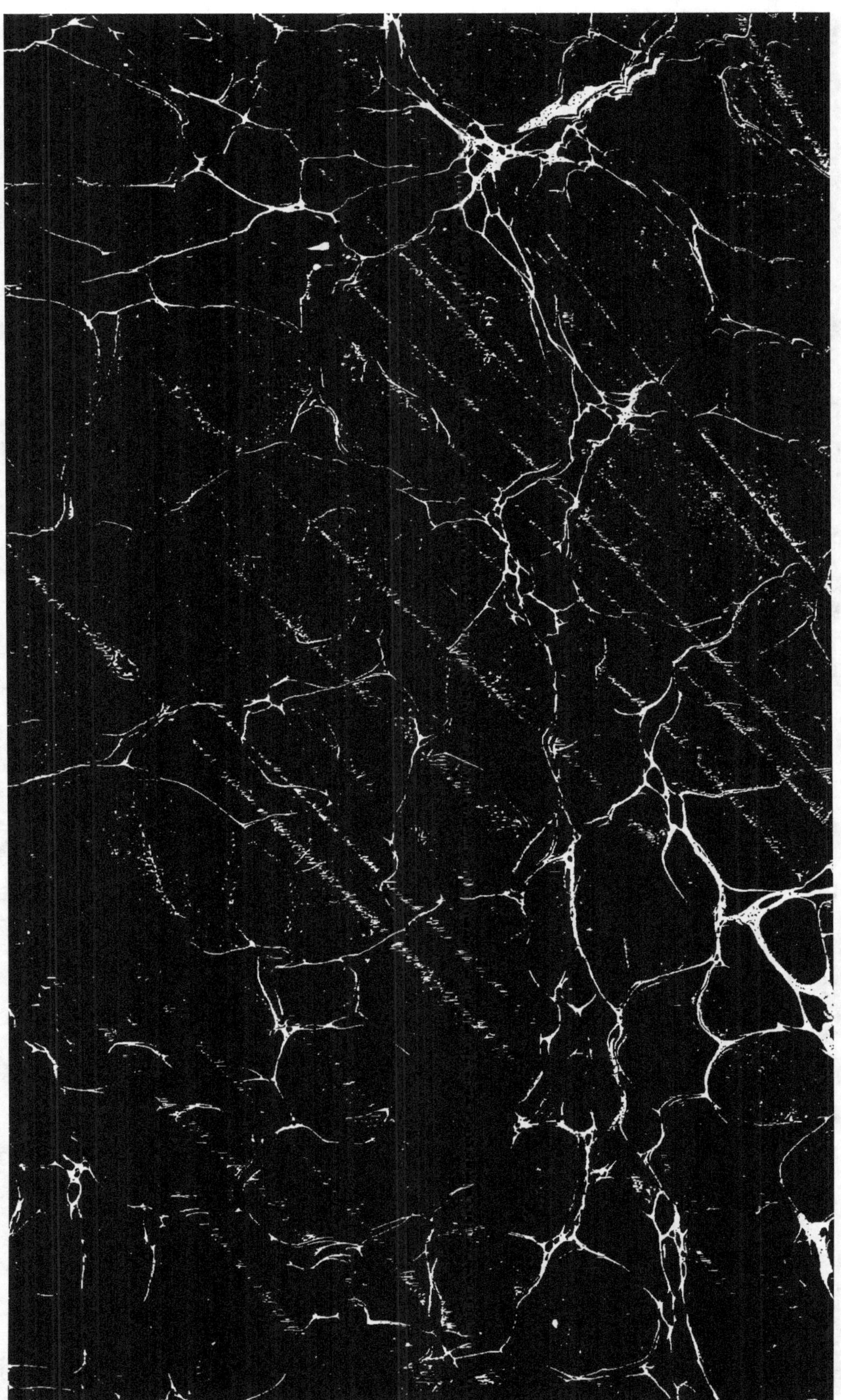

www.ingramcontent.com/pod-product-compliance
Lightning Source LLC
Chambersburg PA
CBHW061257060726
47596CB00002B/640